高新技术企业

人力资本、技术创新
对企业绩效的作用研究

瞿晓龙◎著

西南财经大学出版社

中国·成都

图书在版编目（CIP）数据

高新技术企业人力资本、技术创新对企业绩效的作用研究/瞿晓龙著.—成都:西南财经大学出版社,2024.5
ISBN 978-7-5504-6165-9

Ⅰ.①高…　Ⅱ.①瞿…　Ⅲ.①高技术企业—企业绩效—研究
Ⅳ.①F276.44

中国国家版本馆 CIP 数据核字（2024）第 077709 号

高新技术企业人力资本、技术创新对企业绩效的作用研究

GAOXIN JISHU QIYE RENLI ZIBEN JISHU CHUANGXIN DUI QIYE JIXIAO DE ZUOYONG YANJIU

瞿晓龙　著

策划编辑:	孙　婧
责任编辑:	孙　婧
助理编辑:	陈婷婷
责任校对:	李　琼
封面设计:	墨创文化
责任印制:	朱曼丽

出版发行	西南财经大学出版社（四川省成都市光华村街 55 号）
网　　址	http://cbs.swufe.edu.cn
电子邮件	bookcj@ swufe.edu.cn
邮政编码	610074
电　　话	028-87353785
照　　排	四川胜翔数码印务设计有限公司
印　　刷	四川煤田地质制图印务有限责任公司
成品尺寸	170 mm×240 mm
印　　张	10.75
字　　数	150 千字
版　　次	2024 年 5 月第 1 版
印　　次	2024 年 5 月第 1 次印刷
书　　号	ISBN 978-7-5504-6165-9
定　　价	78.00 元

前言

　　2018 年，美国对中国发起贸易战，之后不断对中国科技进行打压，已经严重影响我国高新技术企业的发展。因此，如何提高高新技术企业的绩效水平，促进高新技术企业的发展壮大，已经成为相关研究者迫切需要解决的重大研究课题。对于高新技术企业而言，提升人力资本水平与推动企业技术创新，是提高企业绩效的重要途径。本书尝试构建人力资本、技术创新对企业绩效影响的理论框架，并深入揭示其作用机理，以期为高新技术企业的人力资本、技术创新影响企业绩效的研究提供新的理论解释和经验证据，这具有重要的理论价值与现实意义。

　　本书首先从人力资本与企业绩效的关系、人力资本与技术创新的关系、技术创新与企业绩效的关系三个方面进行文献综述。其次，根据人力资本理论、技术创新理论与企业绩效理论，对人力资本存量和流量、技术创新以及企业绩效进行界定，并以此提出了本书的研究假设。其中，人力资本存量分为员工人力资本、技术人力资本与高管人力资本；人力资本流量分为人力资本投资与人力资本流动；企业绩效分为财务绩效与市场绩效。再次，本书以 2015—2020 年我国沪深股市中的高新技术企业为样本，采用描述性统计分析、相关性分析以及面板数据多元回归等方法，实证分析了人力资本、技术创新与企业绩效的关系，以及技术创新在人力资本与企业绩效关系间的中介效应，企业异质性在人力资本与企业绩效关系间的调节效应。最后，根据本书的理论研究与实证分析，对本书的结论进行总结，并以此提出促进高新技术企业绩效提升的发展建议。

基于上述研究，本书得到如下结论：①我国高新技术企业的人力资本与企业绩效存在巨大差异，技术人力资本均值低于国家规定水平，因此，有关部门需要加强对高新技术企业认定后的事后监管。②人力资本与企业绩效存在正相关关系，但相关性与人力资本存量和流量的类型以及企业绩效的类型有关；非制造业企业的人力资本与企业绩效的关系与制造业企业有所差异，主要是因为非制造业企业对高端人才的需求较大，市场难以满足。③在人力资本存量中，技术人力资本与技术创新的相关性最大，人力资本流量与技术创新存在显著正相关关系，但具有一定的滞后性；技术创新在人力资本与企业绩效的关系中具有中介效应。④企业异质性在人力资本与企业绩效的关系间存在调节效应。企业异质性的调节效应可以在人力资本与企业绩效的直接关系中发挥，还可以对中介变量技术创新进行调节，通过影响技术创新增强其与企业绩效的相关性。

基于上述结论，本书提出了四个方面的发展建议：①提高人力资本存量，包括提升整体人力资本存量、优化人力资本结构、提高人力资本质量；②加强人力资本流量管理，包括加强员工培训、引导人力资本合理流动、加强企业软环境建设；③优化促进人力资本创新的相关制度，包括优化人力资本评价机制、优化收入分配制度、完善人力资本激励制度；④提升企业技术创新能力，包括增加企业研发支出、开展科研合作、适当扩大企业规模。

本书的研究创新点主要有以下三个方面：

一是提出了不同类型人力资本对企业绩效影响的异质性。本书将人力资本划分为存量与流量，分别探讨其对企业绩效的影响。

二是构建了人力资本、技术创新对企业绩效影响的理论框架。本书通过规范研究，探讨了不同类型的人力资本存量、流量对企业绩效影响的异质性，从理论上揭示了人力资本与企业绩效关系的机理。

三是研究了不同类型人力资本与企业绩效关系的实际差异及影响因素。与高新技术企业财务绩效相关的人力资本存量与流量，表现为人力资本存量与生产有关，而人力资本流量受短期因素影响；与高新技术企业市场绩效相关的人力资本存量与流量，则表现为人力资本存量与市场预期因素有关，人力资本流量受长期因素影响；企业的异质性通过影响技术创新，增强了人力资本对企业绩效的影响。

鉴于宏观环境不断变化、市场经济不断发展，加之笔者水平有限，书中如有不妥之处，还望专家和读者批评指正。

瞿晓龙

2024 年 1 月

目录

第一章　导论

第一节　研究背景

一、现实背景

步入 21 世纪后，高新技术领域成为各国角力的主要战场。依托高新技术产业的发展，各大经济体增长步入快车道，高新技术产业不仅成为国家发展的重要基石，而且成为国家发展的原动力之一。有关数据显示，高新技术产业发展最直接的经济化体现就是高新技术企业的发展与壮大，这是毋庸置疑的。当前，高新技术企业已经成为推动社会和经济发展，以及实现产业进步升级的重要动力来源，其本身也受到国家和社会的大力关注。

我国的高新技术企业一般是指通过国家高新企业认证的企业。相关数据显示，我国高新技术企业的数量不断增长，"十三五"期间，我国高新技术企业的平均增速达到 25%（见图 1-1）。当前，我国依托高新技术企业实现了高新技术产业的集群发展，其综合产出能力已经达到相当高的水平，并且通过一些头部企业的发展实现了部分领域的弯道超车。但是受限于我国高新技术发展起步较晚、起点较低，发展不均衡等因素，同发达国家相比，我国高新技术企业还面临人才储备不足、核心竞争力不强等问题。同时，我国的高新技术企业对国家经济发展的贡献程度不及海外发达国家，在国际市场上的影响力较弱。从宏观层面看，我国高新技术企业的国际影响力较弱和综合国际竞争力不足是当下普遍的共识；从微观层面看，我国单个高新技术企业的市场占有量、技术能力、企业文化底蕴与同行业的海外企业相比存在不小的差距。在这样的背景下，如何提高我国高新技术企业的竞争力，促进技术发展，并进一步提升企业的绩效管理水平，成为当前企业工作者和相关学者们争相讨论的热点话题。

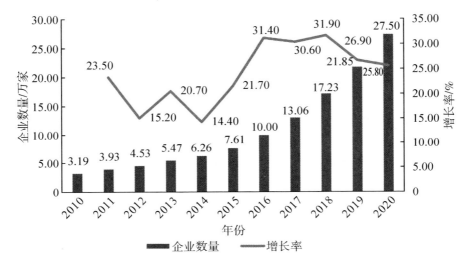

图 1-1　2010—2020 年中国高新技术企业数量及增长趋势

（数据来源：国家税务总局、科技部火炬中心）

高新技术企业的发展需要技术和人才两辆"马车"来拉动，人才无疑是企业发展的重要推动力，是提升企业绩效的关键要素。高新技术企业的特征之一是要求知识密集和技术密集，因此，高新技术企业对高级人力资本的渴求愈发强烈。人才作为经济发展软实力的重要组成部分，受到各国、各企业的重点关注，人才不仅是知识的传递者，还是知识的创造者，是当今知识经济时代的核心。知识推动经济发展，造就了知识经济时代独有的特征——以人才为知识的载体，通过人才的工作带动经济的发展。可以夸张地说，知识经济和人才经济同根同源。相较于过去的工业经济时代，当前的知识经济时代无论是从宏观层面，还是从微观层面来看，企业的发展均依赖于人才的引进、消化、吸收、留任、开发和管理，从这些角度可以将知识经济时代与人力资本主义经济画上等号。

由于核心技术的缺乏，以及自主知识产权资产的不足，我国高新技术企业的进一步发展受到阻碍，这在一定程度上已经成为国内高新技术企业走出国门、迈向世界的"拦路虎"。自 2018 年 3 月开始，美国特朗普政府对中国发起贸易战，对中国的高新技术出口进行了限制，随后拜登政府上台，美国对中国的科技封锁有变本加厉的趋势。当前，我国的关键技术进口上对美国有一定的依赖性，美国对中国"卡脖子"的技术限制，制约了我国高新技术企业的发展。我国的芯片等关键技术产品，超过 70%依赖于美国进口，且难以找到替代品（肖伟 等，2020）。美国对中国科技的打压，在短期内可能会阻碍我国的科技进步与高新技术企业的发展。因此，高新技术企业要进行自主创新成为全国上下的共识。

高新技术企业要想进行自主创新，增加自主知识产权数量以及提高研发力量，关键要靠一流的人才，人才是创新的根本。因此，在美国加大对中国科技打压的背景下，探究人力资本如何推动技术创新，以促进企业提质增效，具有重要的现实意义。

二、理论背景

关于人力资本的经济后果，即人力资本创造价值的能力，现有研究主要从宏观与微观两个层面进行了讨论。在宏观层面，现有大多数研究认为，人力资本对国家或区域的发展具有促进作用。世界银行认为，人力资本是推动经济增长的动力，大多数国家超过 60%的社会财富是由人力资本创造的（World Bank，1997）。也有一些研究对人力资本促进经济增长的积极作用持怀疑或否定态度（刘伟 等，2014；Murata，2017）。

在微观层面，现有研究认为，企业的绩效会随着人力资本的变化而变化，当前学者从以下几个角度研究了人力资本对企业绩效的正向影响：资本存量、人力资本流动，人力资本结构等（罗楚亮 等，2018）。还有研究发现，人力资本对企业绩效可能没有影响。Shrader（2006）认为，虽然公司管理层的人力资本较高，但当企业内部差异较大时，容易造成沟通困难，从而不利于企业的绩效提升。毕理坚（2017）发现，技术型人力资本、一般型人力资本对大型企业的企业绩效有显著的影响，对中小型企业的影响甚微。

关于技术创新对企业绩效的影响，现有研究也从宏观与微观两个层面进行了讨论。在宏观层面，大多数学者在研究技术创新对国家或区域的影响时，支持熊彼特的技术创新引领价值创造的理论。但在微观层面，有关技术创新对企业绩效的影响的研究，还没有一致结论。多数研究认为，技术创新对企业绩效有显著的促进作用（龚志文，2012；Audretsch et al.，2015）；少数研究认为，技术创新对企业绩效无影响（Oswald，2008；侯晓铮，2014）；还有极少数研究认为，技术创新与企业绩效之间存在负相关关系（Chamanski et al.，2001；周春梅，2017）。

综上所述，由于人力资本的类别划分、度量方法等存在差异，当前学术界尚未就人力资本对企业绩效的影响形成统一的观点和结论。人力资本是一个宽泛的概念，具体可以细分为人力资本存量和人力资本流量，本书将基于这两个细分概念，分析它们对企业绩效的影响。由于受到企业自身要素禀赋、公司治理、行业竞争等因素的干扰，关于技术创新是否会对企业绩效产生影响的研究，当前仍然存在较大争议。

当前，人力资本和技术创新对企业绩效的影响，在微观企业层面的研究还是"黑箱"。基于此，本书尝试在微观层面，对高新技术企业的技术创新影响企业绩效的内在机理进行分析，并找出影响技术创新与企业绩效关系的相关要素。同时，鉴于人力资本与技术创新均会影响企业的绩效，而现有研究或单独分析人力资本对企业绩效的影响，或单独分析技术创新对企业绩效的影响，因此，本书尝试在理论框架中加入人力资本、技术创新要素，使之与企业绩效相关联，并揭示它们之间的内在机理，以期为高新技术企业的发展提供理论指导与实践建议，从而推动我国高新技术产业发展。

第二节 研究目的与意义

一、研究目的

现阶段我国高新技术企业的发展面临众多难题：企业大而不强、高新技术产品附加值较低、高新技术企业整体技术创新能力较弱、自主核心技术不足、高层次人才较为匮乏、企业持续发展动力不足等。而解决这些问题的关键在于，要优化人力资本、提升技术创新。当前我国部分高新技术企业重研发、轻引进，主要依靠申报国家研发项目，以获得相关政府部门或产业基金的资金支持；重人才引进、轻人才培育和管理，导致人才能力与岗位不匹配，出现岗位闲置现象，以及导致部分人才流失。相关领域的学者们为解释和解决这些问题，做了一些研究和实践，本书在借鉴已有研究的基础上，立足于中国高新技术企业的发展现实，试图揭示人力资本、技术创新与企业绩效之间的内在作用机制。人力资本通过企业发展实现壮大，企业发展又依托于人力资本，所以人力资本是技术创新能力提升和发挥作用的前提保障，而且技术创新是企业可持续发展的关键动因，探寻三者之间的作用机制，有助于为促进企业成长盈利提供价值参考。

二、研究意义

（一）理论意义

第一，进一步充实了现阶段的人力资本研究成果。本书从人力资本存量与流量两方面研究了人力资本对企业绩效的影响，根据高新技术企业的特点，进一步细化了人力资本的概念，将其分为员工人力资本、技术人力资本与高管人力资本，并分别探究它们与企业绩效之间的内在联系。同时，本书从人力资本的流动与人力资本的投资两方面，对人力资本流量进行了分析，研究它们对企业绩效可能存在的非线性影响。这些丰富了现有的与人力资本相关的理论研究。

第二，构建了人力资本、技术创新与企业绩效的理论模型。结合现有的资料可以分析得出，人力资本会对企业绩效的评估产生影响。技术创新会对企业绩效产生间接的影响，而人力资本则会对企业绩效产生直接的影响。通过对企业进行异质性分析可以发现，其在人力资本与企业绩效的关系中起到调节效应，从而进一步揭示了人力资本影响企业绩效的机制。

（二）实践意义

本书探讨了高新技术企业提质增效的途径与内在机制，为我国高新技术企业的人才培育与创新战略提供了实践上的借鉴。首先，本书的实证结论有助于高新技术企业认清人力资本、技术创新中各项具体要素对企业可持续发展的影响，以及不同类型的人力资本对技术创新提升的作用差异。其次，本书的结论有助于高新技术企业的管理人员意识到不同的人力资本与企业发展模式和发展需求的适配问题。这也是新常态经济下高新技术企业增速放缓的转型提质要求，而人力资本、技术创新内涵的新挖掘为高新技术发展提供了新的思路和理论依据，为企业管理者制定提升企业绩效的相关人力资本政策或人才政策提供了参考。

第三节　研究思路与方法

一、研究思路

本书按照"提出问题—文献综述—理论研究—实证分析—对策建议"的研究思路，运用规范与实证的研究方法，对人力资本、技术创新与企业绩效的关系进行研究，并针对高新技术企业的绩效管理和企业发展提出针对性建议。

首先，本书通过分析近年来现实社会的发展状况，留意到当前高新技术企业发展存在的问题，并通过对文献进行综述，发现现有研究的不足，从而提出本书的研究主题。其次，根据人力资本、技术创新、企业绩效与高新技术企业的相关理论，对本书的研究对象进行概念界定，以厘清其内涵与外延，并在此基础上，提出人力资本、技术创新与企业绩效的研究假设。最后，根据理论研究与实证分析的结果，提出促进高新技术企业发展的对策建议。

二、研究方法

本书以人力资本理论、技术创新理论、企业绩效理论等相关理论为基础，从理论和实证两方面对高新技术企业人力资本、技术创新对企业绩效的影响进行了研究。

（一）文献梳理与研究

文献研究选取"人力资本""技术创新""企业绩效""高新技术企业"等关键词，通过 Science Direct、Elsevier、EBSCOhost、CNKI 等数据库对国内外相关文献进行挖掘、搜集和整理，并以此为基础，探索人力资本、技术创新与企业绩效关系的前沿发展课题和研究热点。

（二）规范研究与实证分析相结合

人力资本、技术创新与企业绩效是涉及众多因素的理论和现实问题，不仅要解决"是什么"的问题，而且要解决"应该是什么"的问题，这就需要依托于规范研究和实证分析的结合。

在规范研究方面，本书首先对人力资本、技术创新与企业绩效进行概念界定，然后根据相关理论，提出人力资本与企业绩效的关系，以及技术创新在二者关系中的中介作用和企业异质性在二者关系中的调节效应，并提出相应的假设。本书在进行实证分析时主要运用了 EViews10、STATA16 软件，通过建立面板模型，分别对人力资本与企业绩效的关系、技术创新影响二者关系的中介效应，以及企业异质性对人力资本与企业绩效关系的调节效应进行了研究，以期了解人力资本与企业绩效的关系与影响因素，并提出促进高新技术企业绩效提升的相关建议与对策。

第四节　研究创新点

本书的创新点主要体现在以下三个方面：

（1）提出了不同类型人力资本对企业绩效影响的异质性。本书通过细分人力资本，分别从存量和流量角度，探讨了不同类型的人力资本对企业绩效影响的异质性。同时，结合高新技术企业的特点，将人力资本存量分为员工人力资本、技术人力资本与高管人力资本，以及从人力资本投资、人力资本流动两方面来度量人力资本的流量变化。

（2）构建了以人力资本、技术创新为基础的与企业绩效研究相关的理论框架。通过规范研究，探讨了不同类型的人力资本存量、流量与企业绩效关系之间的差异。在此基础上，探讨了技术创新在人力资本与企业绩效关系中的中介作用，以及企业异质性对人力资本与企业绩效关系的调节效应。

（3）发现了不同类型人力资本与企业绩效关系的实际差异及影响因素。与企业生产密切相关的人力资本存量，以及与短期因素有关的人力资本流量，它们与高新技术企业的财务绩效显著相关；而影响市场预期的人力资本存量，以及与长期因素有关的人力资本流量，它们则与高新技术企业的市场绩效显著相关。企业的异质性通过影响技术创新，增强了人力资本与企业绩效之间的关系。

第五节　研究内容与框架

本书主要从以下六个部分来展开研究：

第一章导论。本章阐述了研究背景、研究目的与意义、研究思路与方法、研究内容与框架，以及研究的重点、难点与创新之处。

第二章文献综述。本章首先对人力资本与企业绩效的相关研究进行综述，主要从四个方面进行分析：整体人力资本与企业绩效、人力资本特征与企业绩效、人力资本结构与企业绩效、人力资本投资与企业绩效。其次，本章对人力资本与技术创新的相关研究进行综述，主要从三个方面进行分析：人力资本存量与技术创新、人力资本流量与技术创新、人力资本结构与技术创新。再次，本章对技术创新与企业绩效的相关研究进行综述，分别从技术创新与企业财务绩效、技术创新与企业市场绩效两方面展开论述。最后，通过总结文献综述的内容，为本书的研究提供理论基础，并提出研究可拓展的空间。

第三章理论基础。本章在第二章文献综述的基础上，为本书的研究提供了理论基础。首先，提出人力资本理论，界定了人力资本的内涵，以及人力资本存量与流量的概念，说明了人力资本的形成路径与人力资本的度量方法。其次，提出技术创新理论，界定了技术创新的含义、技术创新的类型、技术创新的影响因素，以及从多维度对技术创新进行计量。再次，提出企业绩效理论，分析总结影响企业绩效的因素，给出评价企业绩效的方法。最后，提出高新技术企业理论，界定了高新技术企业的范畴，分析了高新技术企业的特征和高新技术企业人力资本的特征。

第四章实证设计。本章根据第三章的理论基础，从五个方面提出研究假设，并根据研究假设给出相应的实证设计，以及构建相应的实证分析模型。研究假设包括：人力资本与企业绩效相关的假设、人力资本对技术创新的影响假设、技术创新与企业绩效相关的假设、技术创新的中介作用假设、企业异质性的调节作用假设。

第五章实证分析。首先，本章就人力资本对企业绩效的影响进行实证分析，通过描述性分析、相关性分析与多元回归分析，分别对人力资本存量与人力资本流量对企业财务绩效与市场绩效的影响进行总体效应分析，并进行稳健性检验。其次，本章通过实证分析对技术创新对企业绩效的影响，以及人力资本通过技术创新对企业绩效的间接影响进行实证检验，并做稳健性检验。最后，本章就企业异质性在人力资本与企业绩效关系间的调节效应进行检验，企业异质性包括企业规模、股权性质等，并进行稳健性检验。

第六章研究结论、建议与展望。本章对以上研究结果进行讨论和总结，以此提出本书的研究结论，以及为企业绩效的提升给出示范性建议，并指出本书的研究局限及未来研究方向。

本书的研究结构与框架如图 1-2 所示。

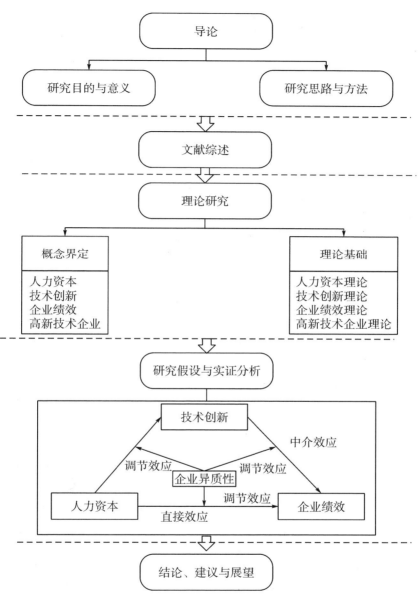

图 1-2　本书的研究结构与框架

第二章　文献综述

第一节　人力资本与企业绩效的相关研究

一、整体人力资本与企业绩效

国内外学术界通过对各国企业的整体人力资本进行分析，发现人力资本与企业绩效之间呈正相关关系。Bontis、Keow 与 Richardson（2000）通过对马来西亚的服务和非服务产业进行研究，发现人力资本提升对企业绩效有显著正向影响，但由于企业的资本结构与所处行业不同，人力资本对企业绩效的影响存在差异。Wang 与 Chang（2005）研究发现，企业人力资本通过影响创新资本和流程资本，对企业绩效产生间接的影响。Mention 与 Bontis（2013）认为，企业人力资本通过影响关系资本、结构资本、创新资本和流程资本，对企业产生直接或间接的影响。

国内学者从多角度剖析了人力资本对企业绩效的影响。高素英、赵曙明与田立法（2011）以我国上市公司公开资料为蓝本，通过实证研究发现，人力资本和企业绩效之间呈正相关关系。学者们还发现，人力资本与企业绩效的关系还受到多种因素的影响，如行业属性、企业性质、企业规模、生命周期、员工薪酬等。尹飘扬与杨向阳（2009）发现，人力资本对企业绩效的影响与企业属性有关，在国有企业与民营企业之间存在显著差异。王端旭与陈帅（2010）结合内外资民营企业的数据，发现二者的人力资本投资对企业绩效的作用程度存在差异。周志明、程克群与何羽潭（2020）发现，人力资本对企业绩效有显著影响，股权性质与股权集中度在二者的关系中有显著作用。

李嘉明与黎富兵（2005）研究发现，对不同行业的企业来说，其人力资本与企业绩效之间都呈正相关关系；但在同一行业中，高人力资本存量的公司的表现并不一定优于低人力资本存量的公司，不同的行业具有不同的表现。高小爽（2019）认为，人力资本对企业绩效的影响在不同行业间存在差异，在传统行业中的影响较小，而在新动能行业中有显著影响。

梁阜、李树文与耿新（2020）研究发现，人力资本对企业绩效的影响，在企业不同的生命周期中存在差异，刘闯（2017）也有类似的结论。杨勇与达庆利（2007）发现，规模越大的企业，其技术创新能力越强，企业绩效也越好。

曹裕、熊寿遥与胡韩莉（2016）利用职工薪酬来衡量人力资本，发现在企业发展初期，人力资本对企业绩效的影响甚微。魏汉泽与许浩然（2016）基于企业薪酬发现，劳动收入份额与企业价值之间呈负相关关系；同时，在具有不同产权性质的企业，或处于不同行业的企业中，该结论仍然成立。

二、人力资本特征与企业绩效

人力资本特征包括员工的受教育程度、工作经验、技能水平等，表现为人力资本本身的特点。现有文献主要从人力资本特征角度分析人力资本与企业绩效的关系，其中基于教育背景出发的研究占大多数，一般认为人力资本的受教育程度越高，越有助于提升企业的绩效。

在这些研究中，一种视角是研究企业的管理层特征对企业绩效的影响，主要从受教育程度、从业经历、成长经历及年龄等方面研究企业的管理层，尤其是企业高管或董事会成员的人力资本对企业绩效的促进作用。Dakhli、Clercq（2004）与 Barczak、Wilemon（2003）发现，管理层人力资本的某些特征，如受教育程度较高、从业经历较多等有助于企业创新，从而能够提升企业的绩效。朱焱与张孟昌（2013）将管理层人力资本分为传记性人力资本与非传记性人力资本，其中传记性人力资本包括年龄、任期、受教育程度、职称等，而非传记性人力资本为上述特征变量的差异程度。研究发现，二者对企业绩效均存在显著影响，但前者可能通过企业研发推动企业绩效提升。还有些研究认为，管理者的受教育程度越高，其业务处理能力越强，信息处理效率越高，有一定的创新发展能力，对企业的绩效提升起到积极的作用。从高管的年龄对人力资本进行衡量，则发现人力资本的创新意愿随着年龄的增加而降低，年轻人更倾向于创新，从而推动企业绩效提升（张维今 等，2018；刘建雄，2008）。刘胜军与田志文（2015）通过深度剖析国内上市高新技术企业的高管团队人力资本与企业财务绩效的关系，发现经验型、知识型人力资本存量增加，对提升企业绩效有积极作用。姜天文与何羽（2015）研究沪深上市公司发现，高层管理人员的平均工作年限与企业绩效之间呈正相关关系，高层管理人员的平均年龄与企业绩效之间无显著的相关性。

另一种研究视角将人力资本分为通用性人力资本与专用性人力资本，分别探讨两种不同类型的人力资本对企业绩效的影响。专用性人力资本被普遍认为是员工在特定企业的工作中，经过学习与积累，获得适用于该企业的特殊知识和能力（杨玉梅 等，2019）；而通用性人力资本则普遍适用于一般的企业。Hitt 等（2001）认为，专用性人力资本是公司宝贵的资源，可以使公司超越竞争对手。Russell 等（2011）通过Meta 分析证实了企业专用性人力资本与企业绩效之间的关系。Carmeli与 Schaubroec（2005）研究发现，当企业高管意识到专用性人力资本的独特价值时，人力资本存量与企业绩效密切相关。一些研究指出，企业专用性人力资本与企业绩效之间呈正相关关系（邓学芬 等，2012；张如山 等，2017）。还有些研究发现，企业专用性人力资本与企业绩效之间呈非线性关系，可能是"U"形关系（Hitt et al.，2001），也有可能是倒"U"形关系（Chadwick，2017；刘奂辰，2016）。

此外，还有部分学者基于人力资本的异质性，通过实证研究发现了人力资本对企业绩效的负面影响。当企业高管团队人力资本的受教育程度提高时，虽然会带动人力资本水平的提升，但也可能受限于高教育水平带来的异质性差异，例如内部沟通成本的增加，进而影响团队的合作效率，最终会对企业绩效的提升带来不利的影响（Amason et al.，2006）。高管团队年龄的增加也会对企业的绩效产生影响，例如，团队合作会受到管理层年龄异质性差异或任期异质性差异的不利影响，使得部分管理者不再愿意冒险，进而影响企业战略目标的实现，在这种不具有统一性的管理下，高管整体的人力资本将难以发挥最佳的管理效果（Carpenter et al.，2001；徐经长 等，2010）。

三、人力资本结构与企业绩效

人力资本结构在宏观上表现为人力资本结构高级化，在微观上是指企业不同类型人力资本的构成。关于人力资本结构高级化，薛阳、秦金山等（2021）认为，它是指一国或某一地区的中高素质人力资本占比上升，低素质人力资本占比下降；从受教育程度视角来看，表现为受教育程度高的人力资本的比重逐步增加，受教育程度低的人力资本的比重逐步下降。人力资本结构高级化在宏观层面能促进产业结构升级（潘苏楠 等，2020），推动产业向全球价值链升级（白力芳，2020），以及促进区域经济增长（陈加旭 等，2020）。

在微观层面，企业不同的人力资本组成对企业的绩效会产生影响。吴淑娥、黄振雷与仲伟周（2013）认为，创新型人力资本与创新绩效显著正相关，而效率型人力资本增加会对企业创新产生负面效应，但能提高企业的生产性绩效。Asiaei 与 Jusoh（2015）通过对伊朗上市公司进行研究，发现人力资本、结构性人力资本增加都会对企业绩效产生明显的促进作用。蔚垚辉（2017）发现，在高新技术企业中，基础型人力资本、研发型人力资本、决策型人力资本都与企业绩效之间呈正相关关系。另有一些文献将高新技术企业的人力资本分为员工人力资本、技术人力资本与高管人力资本，发现不同类型的人力资本对企业绩效的影响存在差异（罗佳，2015；刘闯，2017）。

此外，还有一些文献认为，组织内不同人力资本的水平如果相差较大，就会影响内部沟通，不利于促进企业创新、提升企业绩效，通常创新型人力资本才能促使企业绩效提升（Subramaniam et al.，2005；曹裕等，2016）。

四、人力资本投资与企业绩效

大部分国外学者发现人力资本投资与企业绩效之间存在显著的正相关关系。Carpenter 与 Gregersen（2001）分析美国 256 家上市公司发现，公司高管进行跨国工作，会提升企业的绩效。Asiaei 与 Jusoh（2015）分析伊朗的上市公司发现，企业人力资本投资增加会对企业绩效产生明显的促进作用。Wang 与 Sun 等（2013）研究中国农业上市公司发现，人力资本投资增加会提升农业企业绩效。Santarelli 与 Tran（2013）以越南公司为样本进行研究发现，人力资本投资的强弱对初创企业的成败有着较大的影响。Kato 与 Honjo（2015）以日本制造业企业为研究对象发现，人力资本投资，尤其是教育投资的减少，是高科技行业破产的重要因素。

对于人力资本投资对企业绩效的影响，也有少部分国外学者认为它们之间并不存在显著的相关关系。Firer 与 Willams（2003）通过对南非相关企业进行研究，发现企业绩效较少受人力资本投资的影响。

还有部分国外学者认为企业人力资本投资与企业绩效之间存在多种相关关系。Li、Qian 与 Gong（2014）认为，人力资本投资，尤其是培训投资与企业绩效之间存在倒"U"形关系。Duy 与 Oanh（2015）发现，越南的中小企业培训对企业资本收益率有显著影响，但对利润率和总收益的影响不显著。

国内许多学者同样对人力资本投资与企业绩效之间存在显著正相关

关系持赞成态度。任宇与谢杰（2012）以部分非上市公司为研究对象，发现人力资本投资增加能显著提升企业绩效。薛夏斌（2016）研究发现，农业上市公司的人力资本投资通过增加技术创新来影响企业绩效。蔚垚辉（2017）发现，提供软件和信息技术服务的高新技术企业，其企业绩效与各类型人才的人力资本投资呈正相关关系。吴盈（2017）发现，对于互联网企业而言，专用性人力资本投资与企业绩效以及企业发展能力都呈正相关关系，且专用性人力资本投资通过增强企业发展能力，从而提升企业绩效。

国内也有少部分学者发现人力资本投资与企业绩效之间并不存在显著的相关关系。陈朝龙（2002）分析上市公司发现，高管人力资本投资对企业绩效的影响不显著。魏刚（2003）的研究也有类似的结论。李克纯（2005）研究房地产上市公司发现，员工的学历提高并不能提升企业绩效。

此外，国内学者也发现人力资本投资与企业绩效之间存在多种相关关系。孙慧与缑梦龙（2017）以上市公司中的咨询公司为例，发现员工人力资本投资对企业绩效有正向影响，但企业家人力资本投资与企业绩效之间呈显著负相关关系，且在企业的不同生命周期中，影响程度不一致。毕理坚（2017）以中小板上市公司为例，发现中小企业绩效受到技术型人力资本投资和一般型人力资本投资的影响甚微，创新型人力资本投资则会对企业绩效产生积极作用，而管理型人力资本投资则会对企业绩效产生消极作用。吴华明（2018）研究发现，企业人力资本投资与企业绩效呈明显的正相关关系，企业的绩效会随着人力资本投资的变化而变化，但由于各行业具有不同的特征，这个变化的范围存在较大差异。

五、文献评述

综上所述，众多学者通过规范分析的理论研究以及大量的实证分析，从多角度剖析了企业人力资本对企业绩效的影响，为后续的研究奠定了坚实的理论基础。

现有的对人力资本的研究包括：人力资本对企业绩效产生何种影响，人力资本对企业绩效通过何种途径产生影响，以及人力资本对企业绩效的作用受到哪些因素的影响。在研究方法上，现有的实证研究主要以特定行业或企业为研究对象，然后通过问卷调查或从数据库中获取相关数据，最后运用统计或计量的方法进行分析。这种理论与实证相结合的分析方法，能提高结论的准确性和说服力，受到学者们的广泛认可。

现有研究或基于人力资本整体，或基于人力资本特征，或基于收入等单一视角分析人力资本对企业绩效的影响，但考虑到当前学术界对人力资本研究结论的多样性，以及在实际工作中对人力资本衡量的复杂性，我们需要从多角度、多层次对人力资本指标进行度量。现有关于人力资本对企业绩效的影响的研究，大多集中在人力资本存量对企业绩效的影响上，较少有学者从人力资本流量角度来研究人力资本对企业绩效的影响。

企业人力资本囊括多方面内容，但是当前学术界更多地从企业管理层（高管或企业家）或企业整体人力资本角度来分析人力资本对企业绩效的影响。实际上，企业绩效不仅有管理层的贡献，也有员工的贡献。陈冬华、范从来与沈永建（2015）发现，企业绩效不仅受到管理层因素的影响，员工的努力程度也会对企业绩效产生重要的影响。因此，要想进一步研究人力资本对企业绩效的影响，需要对人力资本进行细分，研究企业不同的人力资本构成对企业绩效的贡献。

鉴于此，本书将企业人力资本分为员工人力资本、技术人力资本与高管人力资本，以探讨不同的人力资本对企业绩效的贡献；本书还将考虑人力资本的流量，包括人力资本投资与人力资本流动对企业绩效的影响。

第二节 人力资本与技术创新的相关研究

一、人力资本存量与技术创新

现有的关于人力资本存量与技术创新关系的研究，主要是从国家或区域的宏观层面进行的，近几年的文献研究逐渐转向具体的行业分析。Nelson 与 Phelps（1966）指出，先进技术的传播与发展离不开人力资本的加持，这一点在发展中国家尤为突出，高层次劳动者会带动所在国技术领域的飞跃与发展，同时相较于受教育程度较低的劳动者，受教育程度较高的劳动者具有不可替代性。Lucas（1989）首先对专业人力资本的概念进行了界定，他通过实证研究的方法，证实了人力资本会对技术创新产生重大影响，从而构建了人力资本和技术创新之间的关系。他指出人力资本产生于实践活动，正规教育未必会产生具有商品属性的人力资本，而技术创新的推动力始终是处于商品生产过程中的专业人力资本。

一些学者认为通过学习新技术、新流程，引进新人才，会对企业技术创新能力产生积极的影响，人力资本层次越高，其学习能力就越强。Ritter 与 Walter（2003）指出，企业的创新由产品的科技水平先进性与产品创新成功率等因素组成，是企业人力资本的直接产出。Helena、Pedro 与 Carlos（2011）指出，企业的组织学习，是提高人力资本技术创新能力的重要渠道。Perks 与 Moxey（2011）认为，人力资本水平较高的企业通过建立企业内部资源共享机制和学习交流机制，能够建立更为有效的创新传递通道，从而提升企业的创新绩效。

关于人力资本与技术创新的关系，国内学者也做了大量的研究。周万生（2004）认为，通过对知识进行汲取、运用和消化，可以实现人力资本的积累，并基于此实现区域技术的创新。杨剑波（2009）对进出口贸易对我国技术创新的贡献进行了研究，发现要想使进出口贸易对区域技术创新产生重大影响，需要人力资本的累积量达到一定的程度，即实现人力资本量变到质变的飞跃。孙文杰与沈坤荣（2009）利用1999—2007年的产业生产资料研究人力资本与技术创新效率的关系，发现当人力资本存量达到一定程度时，会大幅提升创新效率，存在"门槛效应"。余琳（2015）分析了西部地区人力资本对区域技术创新的影响，发现人力资本对区域技术创新的影响要大于其对经济增长的影响。赵馨燕与余冬根（2017）发现，人力资本对区域技术贡献率的影响呈现区域差异性。王康（2020）发现，内蒙古地区人力资本存量的增加对技术创新具有正向作用。

近年来，运用行业数据从微观视角对人力资本影响技术创新的研究也越来越多。佟锐、高旭与王伟青（2008）指出，人力资本对技术创新产生作用的途径包括人力资本知识获取能力、知识消化能力、知识转化能力和知识利用能力。卢馨、张小芬与鲁成方（2012）利用上市的高新技术企业数据，分析人力资本对自主创新的影响，发现人力资本的存量特征对自主创新有显著影响。石军伟与姜倩倩（2018）以汽车上市公司为样本，研究人力资本积累与企业创新绩效的关系，发现人力资本积累在总体上提升了企业创新绩效，但在不同类型企业中存在差异。裴政与罗守贵（2020）对上海科技上市公司进行实证研究发现，人力资本的规模要素对创新绩效有正向影响，存在"规模效应"。

二、人力资本流量与技术创新

（一）人力资本投资与技术创新

人力资本投资具有一定的风险，根据 Schultz（1993）的观点，人力资本投资具有长期性、超前性、不确定性等特点。鉴于人力资本投资存在诸多不稳定因素，企业资产的所有者很难及时对当前的人力资本投资做出判断，无论是从人力资本投资的必要性角度，还是从技术创新的人才需求角度，均无法做出准确的判断，进而会对企业创新目标和预期收益的实现产生影响。但人力资本投资能促进人力资本知识、技能提升，从而有效提升企业的创新绩效。Richard（2004）认为，人力资本的创造能力与人力资本投资有关，依托高素质人力资本，企业可以实现从量变到质变的飞跃。同时，在激烈的市场竞争中，只有不断提高人力资本的工作效率，即人力资本的劳动生产率，才能使企业保持竞争优势，以获得市场先机。Navon（2010）提出，受教育程度不同的企业员工对企业的生产效率和创新能力的影响不同，人力资本对企业的创新发展有积极的作用，企业所有者的态度和管理方式会对人力资本投资决策产生深远影响。McGuirk、Lenihan 与 Hart（2015）提出创新型人力资本的概念，它包括教育、培训、工作场所变革意愿和工作满意度，雇用具有创新能力的人力资本的企业更有可能进行创新。Capozza 与 Divella（2019）认为，为了提高企业的技术能力，企业应该对人力资本投资采用多元化的处理方式，通过提高员工的特定技术和技能来开发人力资本。

国内关于人力资本投资与企业技术创新的研究成果也较为丰富。陈通与许琳红（2003）认为，企业可以通过股权激励等方式建立公平的激励机制，这样可以保证人力资本投资的公平性，从而激发员工的自主创新能力。殷姿与李志宏（2006）提出，企业需要通过加强教育培训，使人力资本树立正确的价值观念，改变现有的不利的价值观念，保证人力资本的水平和质量得到提升，进而推动人力资本投资的合理性与科学性，最终实现企业创新。梁超（2012）与张长春（2016）均采用实证分析的方法，发现人力资本与企业创新效率之间呈正相关关系。企业与政府通过多种手段加大对人力资本的投资，能达到提升人力资本层次和水平的目的。人力资本对知识、技术的吸收和转换能力的提高，会直接带动创新效率和技术创新能力的提升。杨拔翠（2020）认为，人力资本价值水平和知识技术水准会随着人力资本水平的提升而提升，更高的认知能力会促进资源的优化配置，成为技术创新智慧之源。

（二）人力资本流动与技术创新

现有的关于人力资本流动与技术创新的研究较少，主要基于宏观层面，即对国家或区域的技术创新进行研究。学者们认为，人力资本的流动是引起区域创新活动差异的重要因素。邵军与刘志远（2008）研究发现，人力资本的溢出存在"门槛效应"，只有当人力资本达到一定程度时，FDI 对创新的影响才会出现知识溢出效应。梁超（2012）指出，不同地区对人力资本的吸收能力存在差异，进而影响当地企业的研发投入。Ali、Mujahid 与 Rashid（2015）基于欧洲资料的研究发现，人力资本的高级化流动，有利于技术领域的跨国流动。牛雄鹰、李春浩与张芮（2018）利用 SFA 模型深入分析了国际人力资本流入与人力资本存量对创新效率的影响，发现国际人力资本流入与人力资本存量都会对创新效率产生正向影响。

人力资本流动同样会对企业的创新活动产生影响。侯力（2003）认为，人力资本竞争受到人力资本流速的影响，高速状态的人力资本流动会提高人力资本运作效率，也会产生技术溢出效应，从而积极影响企业的生产经营。刘军与周绍伟（2004）研究发现，人力资本的配置需要以人才流动为载体，但并不是所有的人才流动都能实现人力资本配置的优化，需要突破二者之间的平衡点才可以成为有效流动，否则将会降低配置效率。戴蕙阳、施新政与陆瑶（2021）基于部分公司资料分析发现，人力资本流动对企业创新绩效的促进作用，主要来源于地区劳动力成本的上升给企业带来的更强的创新激励。

三、人力资本结构与技术创新

人力资本结构会影响技术创新这一结论，已被许多国内外学者证实。有关人力资本结构对技术创新的影响的研究，在宏观层面主要探讨人力资本结构对国家或区域技术创新的影响，在微观层面则主要探讨人力资本结构对企业技术创新的影响。

在宏观层面，解学梅与赵杨（2012）发现，上海的技术创新不断走低，主要是因为虽然上海科研人员的数量有所增加，但实际有技术创新能力的人员较少。何红光与宋林（2014）基于省级资料研究发现，部分省份的人力资本投入及结构不合理，导致区域创新效率较低。吕洪燕、于翠华、孙喜峰等（2020）提出，技术结构的升级改造可以推动人力资本结构朝着高级化方向发展，技术创新绩效的提升也得益于创新环境的改善。

在微观企业层面，Ina 与 Anker（2007）研究发现，高学历员工的比例，企业内部人力资源管理实践的应用水平，以及与纵向相关行动者和知识机构建立的密切关系，不仅与技术创新正相关，而且与创新模仿程度负相关。Kale 与 Singh（2007）认为，人力资本的创新学习能力与结构，会因学习因素与知识转移的正向影响，提升企业的创新效率与效果。Morrison 与 Croucher（2010）指出，企业内部创新网络可以吸纳外部资源，从而改变企业的人力资本结构，并影响创新绩效。Seclen、Basáez、Narvaiza 等（2020）发现，人力资本的受教育程度越高，其生产率越高，技术创新越多。

关于人力资本结构的分类，不同学者也有不同的看法。程惠芳与陆嘉俊（2014）将区域人力资本划分为双高型、双低型，大企业拥有丰富的技术人才和高质量的人力资本，具有强大的技术创新能力。刘榆、刘忠璐与周杰峰（2015）将人力资本划分为普通人力资本、专业人力资本和企业家人力资本，研究发现专业人力资本和企业家人力资本能明显提升企业的技术创新能力，其中企业家人力资本发挥的作用更大。相较于以往的研究，刘榆等人（2015）的研究突出了高管人力资本的作用。沿着这个思路，许多文献开始将高管人力资本作为研究的对象，探讨其对技术创新的影响，发现高管人力资本对科技创新也具有引领作用。柳卸林与张可（2014）认为，拥有全局观念的企业家更能够加快推进企业的创新管理进程。具有冒险创造精神和强烈企业责任感的企业高管，尤其是企业家会根据市场的需求，积极推动企业创新。除了高管人力资本，科技型人力资本对科技创新也具有核心作用。Habil、Allah

与 Shehadah（2017）认为，科技型人力资本不仅能吸收外部的先进技术，而且能创造新技术，从而推动整个产业链的良性循环发展。

一般而言，人们主要从学历、职称、年龄与岗位等方面对人力资本结构进行分类研究。由于学历、职称已具备完善的评估体系，因此在实践层面使用得较多。在现有研究中，很多学者采用从业人员数量的对数形式体现相关人力资本的发展状态，例如，用大专以上从业人员数量占比来度量技术人力资本。

四、文献评述

通过梳理国内外关于人力资本与技术创新的相关研究发现，学者们都肯定了人力资本对技术创新会产生积极作用的结论。早期研究侧重于从宏观层面研究人力资本对技术创新的影响，发现人力资本水平的提高会提升国家或区域的创新能力，从而促进经济增长。而近年来，学术界开始从微观角度着手，深入剖析人力资本对行业或企业技术创新的影响。

在微观层面，现有文献研究了不同类型的人力资本对企业技术创新的影响，而技术创新也有多种类型，这使得研究结论不尽相同，同时，具体的数据样本、计量方法和各种衡量指标的差异，会导致实证研究结论不同。有关企业人力资本对技术创新的影响，现有研究从人力资本存量、人力资本流量及人力资本结构三个方面进行了纵深研究，得到了比较丰富的成果。企业的人力资本是一个整体，它不但由存量构成，也与流量和结构有关，但现有的研究大多基于单独的视角进行分析，很难全面了解人力资本对企业技术创新的影响。

第三节 技术创新与企业绩效的相关研究

一、技术创新与企业财务绩效

企业的绩效差异来源于资源的差异，而技术创新维持了这种差异，是企业获得持续竞争优势的关键。学者们研究发现，技术创新对企业当期的财务绩效具有正向影响。Lin、Lee 与 Hung（2006）通过研究美国上市公司中的制药企业发现，企业的核心能力建立在企业的各种技术创新活动和生产工艺的改进之上，从而形成企业的竞争优势，并进一步影响企业的财务绩效。Hung 与 Chou（2013）以台湾企业为样本，研究发现外部技术获取对企业财务绩效有正向影响，而外部技术开发对企业财务绩效没有正向影响。王铁男与涂云咪（2012）发现，技术创新对企业当期的财务绩效有着正向影响，其中企业的管理能力对其有调节作用。刘振与程鸿雁（2019）研究发现，技术创新会正向影响企业财务绩效，且技术创新在企业国际化与企业财务绩效的关系中具有中介作用。

技术创新具有不确定性较大、收益缓慢等特点，一些学者认为技术创新不仅会影响企业当前的财务绩效，还可能具有滞后性。Hwang、Su-Jung、Shin 等（2009）认为，企业技术创新未来的不确定性显著高于固定资产投资，技术创新对企业未来盈余的正向影响大于其他资本支出，且会影响以后多期的财务绩效。梁莱歆与张焕凤（2005）以我国上市公司为研究对象，发现技术创新对企业当期的财务绩效影响甚微，但与企业滞后的盈利能力和发展能力之间有着较为显著的相关性。任海云与师萍（2009）以上海证券交易所的上市公司为研究样本，实证研究发现，技术创新与企业当年的财务绩效显著正相关，随后的 1 到 4 年相关性逐年降低，说明技术创新对企业财务绩效的影响具有滞后性，且影响逐年减小。尹美群、盛磊与李文博（2018）研究发现，技术创新对不同行业企业财务绩效的影响不同。对于技术密集型行业，技术创新对企业财务绩效存在周期效应，即前期的技术创新会影响企业当前的财务绩效；对于劳动密集型行业，技术创新对企业当期和未来的财务绩效均无显著影响；对于资本密集型行业，技术创新对企业当期的财务绩效有显著影响。

技术创新与企业财务绩效之间的相关性并非简单的线性相关，还存在多种关系。Gerpott 与 Bergen（1985）首次实证发现，技术创新与企业财务绩效之间不是简单的线性关系，而是曲线关系。Tam 与 Gielen（2008）认为，技术创新成功后，还可能面临较大的推广成本，短期内不能被市场接受，导致技术创新与企业财务绩效之间不相关或呈负相关关系。Oswald（2008）以英国企业为样本，实证研究发现，技术创新与企业财务绩效无关。Fortune 与 Shelton（2012）发现，如果技术创新成果的有效性不高，对企业财务绩效的影响会受到各种限制，表现为非线性相关关系。

李涛、黄晓蓓与王超（2008）研究发现，制造业企业的技术创新对企业财务绩效无显著影响。周亚虹与许玲丽（2007）发现，我国民营企业的技术创新与企业财务绩效之间存在显著的倒"U"形关系。吴卫华、万迪防与吴祖光（2014）则发现，高新技术企业中也存在类似结论。石丽静（2017）的研究结论也类似，但研究还发现，企业的所有制与技术水准在技术创新与企业财务绩效的关系中具有调节效应。邱盼华（2019）发现，汽车制造企业的研发投入与企业财务绩效之间存在倒"U"形关系，企业资本结构在这种关系中具有显著的调节作用。丁勇（2011）发现，江西高新技术企业的研发能力与企业财务绩效之间存在近似的"U"形关系。

二、技术创新与企业市场绩效

现有资产与资产未来成长机会共同组成了公司的价值，技术创新活动不仅为企业带来了现有收益，还为企业的未来盈利创造了机遇。早期研究技术创新对企业市场绩效的影响主要探讨的是直接影响，大多数研究发现两者之间具有正相关关系，但也有实证研究结果表现出不同的观点。随着研究的深入，各种经济学与管理学理论被引入研究中，尤其受管理学中权变理论的影响，学者们开始探讨不同情况下技术创新对企业市场绩效的影响机理，并得到了更加丰富的研究成果。

Deeds（2001）指出，企业创新能力增强，能够不断推动企业开拓新的市场，进而不断提升企业价值。Yang 与 Chen（2003）以台湾电子企业为研究样本，结果发现，企业的专利与研发投入等技术创新会对企业的市场价值产生积极影响。Babu（2008）研究印度制造业企业发现，技术创新强度越大，企业市场销售越好。Nandialath、Mohan 与 Annavarjula（2014）研究发现，技术创新（产品创新和工艺创新）对企业市场绩效有显著的正向影响，而非技术创新（组织创新和营销创新）与企业市场绩效之间未呈现显著的正相关关系。

梁莱歆与韩米晓（2008）拓展了价值链模型，研究发现研发活动贯穿高新技术企业价值链的全过程，因此，企业必须有效整合研发活动，才能实现企业的市场价值最大化。张信东、刘旭东与杨婷（2010）研究中国生物制药行业和电子信息行业上市公司发现，研发密度与股票收益之间存在显著的正相关关系，尤其是对企业当期的影响最为显著。米晋宏、张书宇与黄勃（2019）通过研究上市公司的专利发现，企业通过技术创新，增强了自身对市场的控制能力，从而促进了企业价值的提升。

与技术创新对企业财务绩效的影响类似，技术创新对企业市场绩效的影响也存在滞后性。一些学者认为，企业的市场绩效尤其是企业价值是未来收益的现值，可能受到技术创新活动的长期影响，但另一些学者认为，这种滞后影响可能不存在。Falk（2012）认为，企业的销售增长率会随着企业技术创新能力的增强而上升，二者是同向变动关系，同时，技术创新能力还对滞后两期的销售增长率有促进作用，但这种关系会随着时间的推移而减弱。Hsu、Chen 等（2013）研究台湾高科技企业发现，研发活动投入的财务滞后性，以及专利等技术创新活动的滞后可能会影响企业未来的股票收益。

陈旭（2011）研究高新技术上市公司发现，企业的投入与当期市场价值有显著正相关关系，研发投入对企业价值存在短期滞后效应，且滞后一期关系显著成立，滞后两期不显著。潘家岭（2020）研究高新技术上市公司的创新投资与企业价值的关系发现，创新投资不仅对当期企业价值有显著影响，而且对滞后两期仍具有影响，但影响会递减。

技术创新与企业市场绩效的关系，如同技术创新与企业财务绩效的关系一样，并非线性相关，还存在多种关系。Chen、Chang 等（2012）以台湾信息和电子行业企业为样本，实证研究发现，研发投入对企业市场价值的影响为倒"U"形，主要原因是研发项目环境质量与研发项目绩效之间呈倒"U"形关系。龚志文（2012）研究中国生物制药和电子信息技术行业上市公司发现，研发投入与同期股价以及未来一年的股价变动之间并无显著的正相关关系。段天宇、张希与胡毅（2020）以中国医药制造业上市公司为样本，研究发现，研发强度与企业绩效之间呈非线性关系，其中存在"门槛效应"，当 R&D 强度分别低于和高于 5.26%时，R&D 强度对企业绩效的影响系数分别为 4.87 和 0.68。

三、文献评述

从国内外研究文献来看，国外关于技术创新与企业绩效的研究起步较早且针对性强，国内研究虽起步较晚，但结合我国实际问题进行的相关研究也取得了丰硕的成果。中国学者对技术创新影响企业绩效的分析，一般针对具体行业，但忽略了行业间技术创新与企业绩效的关系可能存在较大差异。

从研究的结果来看，关于技术创新与企业绩效的关系，现有研究还没有一致的结论。学术界目前对技术创新与企业绩效之间的关系还存在争议。技术创新对企业绩效是否存在长期影响或滞后影响，也没有一致的结论。

综合以往的研究不难看出，学者们往往从单一的视角，分析技术创新对企业财务绩效或市场绩效的影响。单一视角带来的分析是片面化的，缺乏全局视野。此外，现有研究还缺乏技术创新对企业绩效作用机制的分析，这样虽然简化了研究过程，但是会造成研究成果客观性的缺失，不具有广泛的参考价值，同时也忽略了作用机制中的中介效应与调节效应。

基于此，本书以高新技术企业为样本，研究了不同行业、规模以及企业性质对技术创新影响企业绩效的调节效应。

第四节　本章小结

本章从人力资本与技术创新、人力资本与企业绩效以及技术创新与企业绩效三个方面进行了文献综述。其中，关于人力资本与技术创新的关系，本章分别从人力资本存量、人力资本流量以及人力资本结构三个方面，探讨它们与技术创新的关系，以为本书的研究提供理论基础以及拓展的空间。

关于人力资本与企业绩效的关系，本章从整体人力资本、人力资本特征、人力资本结构、人力资本投资四个方面，分别探讨其与企业绩效的关系。通过文献综述，发现现有研究存在不足，因此，本书将企业人力资本分为员工人力资本、技术人力资本与高管人力资本，探讨了不同类型的人力资本对企业绩效的影响。

关于技术创新与企业绩效的关系，本章分别从技术创新与企业财务绩效、技术创新与企业市场绩效两方面探讨它们之间的关系。通过梳理现有研究的不足，本书还将考虑不同行业、规模以及企业性质对技术创新影响企业绩效的调节效应。

第三章　理论基础

第一节　人力资本理论

一、人力资本的含义

亚当·斯密在《国富论》一书中最早肯定了劳动与价值之间的关系，即劳动能创造价值，其是第一位视"人力"为资本的经济学者，提出劳动在各种资源中占据特殊地位。Schultz（1960，1961）对人力资本的概念进行了系统性的阐述，并指出人力资本的提升离不开知识和工作技能的积累，可以通过正规教育、培训、劳动力流动加快这一进程。Becker（1962）强调知识和技能对劳动者成为人力资本的重要性，人力资本可以通过投入—产出的方式进行积累，投入的途径包括教育、培训等。

OECD（经济合作与发展组织）（1998）将人力资本的组成概括为技能、知识和能力三个方面。随着研究的进一步深入，人力资本的构成也更加丰富，在原有的基础上增加了寿命、健康、时间、道德等因素。随着更多因素的加入，对人力资本进行研究的方向更加明确，层次更加分明。

人力资本理论出现以来，不同的学者对其进行了不同的定义与解读，由此形成不同的人力资本观点与学派。从微观层面来看，人力资本是指个人通过努力和积累形成的知识与技能的总量；从宏观层面来看，是指一个国家或地区的所有劳动者的人力资本总和。还有学者将以上两者综合起来，Wright 与 McMahan（2011）以人力资本的行为主体为依据，对人力资本进行分类，将员工个人的知识、技能、经验和身体健康等定义为个体人力资本，而将组织员工组群拥有的人力资本各要素的总和以及各要素之间的协同关系定义为群体人力资本。

按照研究对象进行分类，人力资本可以分为个人人力资本与企业人力资本。其中企业人力资本是指企业中所有员工或者某部分具有代表性的重要员工的人力资本总和（朱焱 等，2013）。借鉴已有研究，本书将人力资本界定为：依附在个人或劳动者身上的具有经济价值的能力，是个体知识水平、技术技能和健康素质的综合表现。个人的人力资本具体表现为拥有的经验与知识、形成的价值观、处理问题的态度、社会交往能力、收集信息的能力、处理信息的能力、沟通能力以及执行能力等。企业的人力资本是其所有员工的人力资本的总和，依附于员工本身的健康素质、智力素质等，其整体表现为企业创造价值的能力，是企业获取并保持核心竞争优势的重要价值来源。

二、人力资本的存量与流量

经济学中的存量，是指在某个时点上，经济变量所拥有的结存数量；而流量是指在一定时期内，经济变量流入或流出经济系统的数量。

本书所指的人力资本存量和流量与经济学中的存量和流量并不完全一致。在实际研究中，存量并非严格限制在某个时点的结存数量，也可以是某个时期总量的平均数。根据研究需要，本书提出的人力资本存量是指企业某个时期人力资本总量的平均数。

人力资本在积累的过程中，受到各种因素，如个人的教育背景、先天禀赋、实践经验等的影响。人力资本在企业中创造价值，企业绩效受到不同人力资本配置与主观能动性的影响。企业中不同的人力资本存在差异，具有异质性特征。由于异质性的人力资本总量在为企业创造价值的过程中，发挥的作用也存在差异，因此，需要对人力资本存量进行分类。

本书研究的对象是高新技术企业的人力资本，相较于传统企业，高新技术企业具有知识密集与技术密集的特征。在激烈的市场竞争中，高新技术企业的生存与发展更取决于企业所拥有的知识与技能，而这些知识与技能分布在企业不同的人力资本上。因此，不同的人力资本对企业绩效的影响存在较大差异。参考罗佳（2015）、刘闯（2017）等人的研究，本书将高新技术企业的人力资本存量分为员工人力资本、技术人力资本与高管人力资本。其中，员工人力资本是指高新技术企业中具有一定技能的所有员工所拥有的人力资本总量，通常是指具有一定学历的员工的人力资本总量；技术人力资本是指高新技术企业中专业技术人员的人力资本总量，通常是指拥有一定专业技术职称的员工的人力资本总量；高管人力资本是指高新技术企业中高管的人力资本总量。

本书提出的人力资本流量，是指促使人力资本存量发生变化的经济变量或度量人力资本流动的指标，主要包括人力资本投资与人力资本流动。人力资本投资包括企业对员工的教育培训、薪酬支出、卫生保健投资及岗位锻炼等（罗佳，2015）。人力资本流动包括人力资本在企业内的流动与企业间的流动。本书中的人力资本流动主要是人力资本在企业间的流动，用人力资本流动率来度量。

三、企业人力资本的形成

企业的人力资本由企业员工的知识、技能、经验、健康素质等形成，人力资本通过服务企业，在工作中为企业创造价值，从而提升企业绩效。

企业人力资本的形成需要一个长期的过程。对于企业员工而言，其在成年以前，主要通过接受教育获取一定的知识、形成某种价值观、拥有健康的身体素质，这是员工个人的人力资本，还不是企业的人力资本。为了整合员工的个人人力资本，即使其成为企业人力资本的一部分，企业会主动通过校园招聘、社会招聘、媒体招聘等形式引入员工，通过发挥他们的主观能动性，加强企业文化建设，建立企业独特的价值观和行事风格等，以便形成企业的向心力与凝聚力。为提升员工的人力资本水平，企业会在医疗卫生保健方面对员工进行投资，以保障员工健康，增强员工的精力与体力，这样员工能为企业提供高质量的持久服务，从而提升企业绩效。

员工进入企业后，要想从新人成长为有经验的专业人才，需要企业对其进行在职培训，以提升员工的技能，增加企业人力资本总量。员工的在职培训包括岗前培训、岗上培训、脱产学习、业余时间学习等。在大多数情况下，员工在企业中可能是"干中学"，一方面是员工自己在岗位中摸索学习，另一方面是通过师徒制，员工跟着师父学习，以提升技能，增加经验。为提升企业人力资本水平，企业可以对其拥有的人力资本进行有效配置，让员工轮岗，将能力不同的员工调配到相应的岗位，以发挥其最大的才能，从而提升企业整体的人力资本水平。

综上所述，人力资本的形成分为员工进入企业前的个人人力资本积累，以及进入企业后的企业人力资本积累。企业通过招聘获得员工，然后通过培训、轮岗、"干中学"等人力资本投资形式，来提升企业整体的人力资本水平。不同员工在企业共同的价值观和工作环境中相互学习、长期协作，形成了企业的凝聚力与合力，发挥了"1+1>2"的作用，使得企业整体人力资本的价值大于单个人力资本的加总。这对于高新技术企业来说，尤为重要。

四、企业人力资本的度量方法

本书将人力资本分为存量与流量，两者的含义不同，所用的度量指标也不同。现有研究对企业人力资本的度量主要有以下几种方法：

（一）教育年限法

关于人力资本的存量，一些研究以员工的受教育程度来度量。其主要的理论依据是，员工的受教育程度越高，其包含的人力资本存量越多。Martin、McNally 与 Kay（2013）的实证研究表明，教育与各种形式的培训对员工人力资本的形成有正向影响。由于员工受教育程度的数据容易获取，因此，该方法运用最为广泛。

（二）占比法

人力资本存量总量表现为具体的员工数量。但对于不同的人力资本存量，现有研究采用某类人力资本的数量占总数的比例对其进行度量，如罗佳（2015）与刘闯（2017）。本书即采用该方法对不同的人力资本存量进行度量。

（三）成本法

Brummet、Flamholtz 与 Pyle（1968）认为，人力资本价值等于为人力资本的形成而支出的一切费用的总和。对于企业而言，企业对员工的各项支出是企业的成本，是企业对人力资本投资的成本，因此可以用来衡量企业整体的人力资本投资支出（吴华明，2018；张燕，2020）。本书用该方法来衡量人力资本投资。

（四）收入法

Mincer（1958）认为，个人的人力资本投资与其收入相关。在现实中，对于大多数人来说，其受教育程度越高，需要的人力资本投资越多，因此收入越多。国际上广泛采用的是收入流现值的终生收入法（Jorgenson et al.，1992）。该方法认为，人力资本的货币价值等于人力资本投资带来的未来每年预期收益的现值总和。

第二节 技术创新理论

一、技术创新的含义

1911 年，奥地利经济学家熊彼特将创新概念引入经济学研究中，他认为创新是企业家为获取潜在利润，而将生产要素进行重新组合后再引入生产系统之中的过程。这种创新理论的特点在于将产品创新、生产工艺或技术创新、市场创新、材料创新和组织管理创新等进行了整合，奠定了日后技术创新理论的基石。在熊彼特之后，国外许多学者对技术创新理论展开研究。Mansfield（1998）从经济学和工业角度对创新的概念进行了界定。在经济学层面，他认为企业应以新产品的构思、设计为起点，将新产品的新设计、新工艺方法、新销售策略、新战略以及消费等，所有与新产品生产相关的环节全部纳入技术创新内涵中；在工业层面，他认为技术创新是从发明创造的首次应用到新产品首次实现商业化的过程。Freeman（1991）认为，技术创新需要以满足市场需求为目的，其内容可以涵盖新产品的设计、加工生产、营销策略和实现商业化的全过程。Lynn（1989）认为，技术创新应该涵盖使知识从思维转化为现实，并且实现收益的过程。另外，Solo（1956）和 Utterback（1975）等学者对技术创新进行了多角度的理论分析，从多方面丰富了技术创新理论。

国内学者对技术创新的研究虽滞后于国外，但研究成果依旧丰富。傅家骥（1998）提出，技术创新的目的在于通过重组生产要素，建立新的生产条件，并对原先落后的生产运营系统进行改革，从而生产出新产品，开发出新工艺，建立新的企业组织，最终实现企业市场空间的拓展，并反哺企业，以降低企业自身的生产成本，提高生产效率。

傅家骥的技术创新理论是对熊彼特的创新理论的继承与补充，之后国内许多学者沿着不同方向对技术创新理论进行了深入研究。柳卸林与张可（2014）认为，设计新产品、加工销售、实现商业化这三个环节共同组成了技术创新的全过程，这个过程既包含产品创新、各环节组成的过程创新，也包括整个创新过程中的技术扩散。许庆瑞、郭斌与王毅（2000）指出，只有当技术变革发展到一定阶段时，才可以称之为技术创新，这是继发明之后为满足社会需要而进行的改造客观世界的阶段，即将新发明和新技术等转化为生产力，从而实现第一次商业化应用的阶段，其内容涵盖了产品创新、技术创新、设备创新、材料创新、生产创新和组织创新等。赵玉林与张倩男（2006）指出，技术创新是一套流程，是设计新产品，构思新设想，进行研究开发，并最终实现商业化的整个流程的统称。

本书通过总结提炼现有的研究成果，将技术创新定义为一个新产品从技术研究、开发到生产，最后到实现商业化的全过程，即新产品从所需创新要素资源投入到产出，再到实现商业价值的整个过程。

二、技术创新的影响因素

技术仅仅是影响技术创新的其中一个因素，要想进一步讨论技术创新的影响因素，需要综合多个层面进行考虑。就目前的研究来看，影响企业技术创新的因素主要有以下几个：

（一）政策

首先，市场环境下的企业受政府政策影响较大，政府政策会影响企业的发展。一方面，企业只有依托政策层面的支持，才可能获得更多的资金支持；另一方面，经济效益对于企业的发展至关重要，政府宏观调控的政策与方法将直接作用于企业，并对企业运营管理和技术创新产生影响。因此，企业不得不重视政府的宏观政策。其次，政府的一些宏观调控会直接影响企业创新技术的发展，并最终作用到企业技术创新上。最后，在强调技术竞争的现代国际形势中，政府更加重视技术发展，并出台了一系列优惠政策，依托政策上的扶持，企业可以获得更加适合技术创新的孵化环境。

（二）文化

技术创新受文化的直接影响较小，但是文化会间接地对企业技术创新产生影响。首先，文化是人类社会发展的产物，其反映的是人类的精神活动，并在物质和非物质方面广泛体现。物质文化能直接被企业技术创新借鉴，而非物质文化也会间接对技术创新产生影响（刘浏 等，2018）。人类不同的文化背景，产生了不同的价值观，进而涌现了诸多思维模式，最终都会作用在技术创新上。其次，员工的创新意识和合作能力受到企业文化和价值观念的影响，企业不同的内部文化，会产生不同的意识形态和价值观念。越是活跃的企业文化越会激发员工的创新意识，技术创新工作也会越简单，反之则越困难。

（三）行业环境

行业环境对企业的影响是多方面、多层次的，不仅会影响企业的建设，还会影响企业的技术创新进程，同业竞争压力、行业服务水平与市场需求也会随着行业环境的变化而变化，从而对企业技术创新产生深远的影响（冯根福 等，2021）。在同业竞争日趋激烈的背景下，企业要想在激烈的竞争中脱颖而出，保持技术优势很重要，技术创新则是核心手段。因此，行业竞争对技术创新的影响也是不可小视的。鉴于此，营造良好的行业环境能够为行业内企业的发展提供便捷高效的服务，以及完整的上下游产业链服务，进而加快企业技术升级的步伐。

（四）资金

经济基础较差、资金链不稳定、融资成本高等问题制约着中小企业的技术创新。只有提供大量的资金支持，才能激发中小企业的技术创新活力（张丹，2016）。高精尖行业对技术的更迭速度要求比较高，使得企业的研发成本激增，但是中小企业困于自身的现状，难以维持技术创新的成本支出，一步落后可能会导致步步落后，进而逐步拉大自身与行业巨头的差距，最终失去行业竞争力，经济效益下降，更难以获得资金支持。这种恶性循环会给中小企业的技术创新带来不良的影响。

（五）管理

企业的管理水平直接反映在企业日常的运营活动中，并且范围覆盖到企业的方方面面。高质量的企业管理可以为企业的稳定运行打好坚实的基础，推动企业稳步向好发展。企业管理从目标、制度、内容、方式、资金等方面为技术创新提供支持，技术创新实现了企业的发展与壮大，而企业的壮大也给技术创新带来了更多的创新灵感和资金支持，进而取得更大的技术突破。相反，较低的企业管理水平会阻碍企业的运营发展，企业正常的运营活动得不到保障，技术创新更是无从谈起（郭高凤 等，2014）。

三、技术创新的维度

技术创新可以分为技术创新投入与技术创新中间产出两个维度。关于技术创新投入，现有的研究都肯定了研发支出对技术创新的重要性，但对于劳动与资本是否影响技术创新，学者们的观点存在较大分歧。一些研究仅以研发支出作为技术创新投入的要素（陈海声 等，2010）。Griliches（1986）认为，研发经费投入是研发活动的重要指标，可以用来度量技术创新投入。也有学者认为，技术创新投入应包括研发支出与技术人员投入（游春，2010）。还有学者认为，技术创新投入的要素不仅包括研发支出、技术人员投入，还包括资本支出。孙东与周怡君（2013）认为，技术创新投入的要素包括研发投入、劳动、人力资本以及固定资产投资。

关于技术创新中间产出，学者们将专利申请数量、专利授权数量、科技论文数量作为技术创新的产出。在这些研究中，多数研究将专利申请数量与专利授权数量作为创新产出成果。专利授权分为发明专利授权、实用新型专利与外观专利。在这三类专利中，发明专利的技术含量最高，申请的难度最大，而实用新型专利与外观专利的创新程度和申请难度相对较低。王立新与曹梅英（2018）用发明专利度量自主创新，用实用新型专利与外观专利度量模仿创新。

根据王轶英（2018）的研究，从投入产出的角度来看，由于研发投入存在一些无效的投入，技术创新产出可能存在滞后性。因此，本书用中间产出来度量技术创新，主要采用三类专利数量之和以及发明专利数量来度量。

四、技术创新的度量

与技术创新维度相对应，技术创新的度量方法主要有以下几种：

（一）研发投入

研发投入一般是指企业用于技术创新活动的经费投入、资金支出。大多数学者用研发投入与企业营业收入或销售收入的比值来度量技术创新，以消除企业规模的影响。还有学者认为，研发投入不但包括资金投入，还包括人力投入。

（二）技术人员投入

技术人员投入是指参与技术创新活动的技术人员数量。大多数企业只公开技术人员的数量，并未公开研发人员的数量。因此，一般的研究都以技术人员数量代替研发人员数量，用其与总员工数的比值来度量技术创新。

（三）资本支出

资本支出通常是指固定资产支出，是为企业开展技术创新活动而提供的机器设备等硬件，是企业进行技术创新活动的基础。一般以资本支出作为创新活动的物力投入，用资本支出除以总资产来度量技术创新，以消除企业规模的影响。

（四）专利授权数

专利是专利授权人对其发明创造所拥有的排他独占的权利。Acs 与 Audretsch（1989）认为，专利可以用来度量技术创新。当前学术界对使用专利申请数还是专利授权数来度量技术创新，还没有一致的结论。由于专利申请到专利授权具有一定的时间差，尤其是发明专利的授权时间较长，为表明当期的技术创新活动，本书使用专利申请数来度量技术创新，以消除专利授权带来的时间影响。

第三节　企业绩效理论

一、企业绩效的含义

企业绩效是指在一定经营期间企业的经营效益，主要表现为企业的盈利能力、资产运营水平、偿债能力以及未来发展能力等。其中，盈利能力、资产运营水平、偿债能力可以用具体的财务指标进行度量，因此称为企业的财务绩效。关于企业的未来发展能力，现有研究认为，仅用财务指标不能准确反映其真实情况，一般用企业未来的市场价值进行评价，因此，被界定为企业的市场绩效。

现有的关于企业人力资本、技术创新对企业绩效的影响的研究中，学者们通常使用财务指标来度量企业绩效。对于高新技术企业而言，其开展技术创新活动的周期较长，财务指标只能反映企业短期的绩效，难以反映技术创新对企业长期的影响，而市场绩效通常可在一定程度上打破这种局限。因此，本书同时使用财务绩效与市场绩效来度量高新技术企业的绩效，以便反映人力资本、技术创新对企业短期与长期绩效的影响。

关于财务绩效，学者们基本达成共识，用现有的企业财务指标即可衡量。但对于市场绩效的度量，学者们还没有达成共识。通常认为市场绩效是指在一定的市场结构中，由一定的市场行为所形成的价格、产量、成本、利润、产品质量以及技术进步等方面的最终经济成果。但基于不同视角，企业价值存在较大的差异。基于会计学视角，企业的价值为账面价值，即为成立企业所花费的全部可计量的货币价值，可通过评估企业总资产得到。基于金融学视角，企业的价值是企业未来预期的现金流的折现值，折现率为获得资金的平均成本比率，这一指标反映了企业资金的时间价值、发展能力及相应的风险。价值评估理论认为，企业未来的获利能力，是通过现有资产评估其为企业所有者带来的效用，这决定了企业价值，企业未来的获利能力越强，市场价值越高。

本书综合金融学与价值评估理论的定义，认为企业市场价值既包括现有资产价值评估之和，还包括企业未来发展产生的获利能力及其给所有投资者带来的全部效用。企业市场绩效需要将企业内部各要素视为整体，并进行全面评价。

二、企业绩效的影响因素

影响企业绩效的因素有很多，既有内部因素，又有外部因素。本书主要研究人力资本、技术创新对企业绩效的影响。

（一）企业规模

企业规模与企业绩效具有相关性。吴晨（2009）以上市公司为研究样本，发现规模较大的企业的经营绩效要比规模较小的企业高。邓学芬等人（2016）认为，大企业所拥有的人力资本存量较多，能有效提升企业的绩效，企业人力资本存量与企业绩效之间呈正向变动关系，同时人力资本流动与企业绩效之间也呈正向变动关系。但也有学者持不同的看法。石建中（2014）发现，企业的绩效受到多种因素的影响，中小企业的规模与人力资本存量有弱相关关系，大型企业的绩效受其规模影响较小。

技术创新对企业绩效的影响也受企业规模的影响。现有文献存在两种不同的观点：一种观点认为，大企业拥有更多的资源，可以有效配置资源进行技术创新，从而提升企业绩效；另一种观点认为，大企业组织僵化、行动迟缓，企业规模对创新活动有阻碍作用，会降低企业绩效。

（二）股权性质

股权性质对企业绩效的影响，受到很多学者的关注。学者们认为，企业的股权属于国有性质还是非国有性质，对企业绩效的影响不同，这主要是因为，国有企业与政府关系密切，容易得到政府有关资源的支持，但也可能受到不同程度的政府干预。Clarke（2003）发现，中国的上市国有企业承担了较多的社会责任，部分国有企业生产效率较低，产品价格缺乏竞争力，相较于民营企业，部分国有企业的绩效较低。张玉娟、张学慧与长青等（2018）发现，民营企业比国有企业开展的研发创新活动更多，民营企业的整体绩效比国有企业要好。

刘和旺、郑世林与王宇锋（2015）发现，国有企业的创新投入与产出显著高于民营企业，但其财务绩效却低于民营企业，主要是因为国有企业的创新优势没能相应转化为市场优势。张文菲与张诚（2018）认为，国企民营化显著降低了企业的创新绩效，部分原因在于，民营企业在融资能力和获得政府补助方面处于劣势，从而限制了其创新能力，降低了企业绩效。

（三）行业竞争

企业所处行业的竞争状况对企业的绩效也有影响。如果企业所处的行业在国民经济中具有重要的地位，国家会出台相应的优惠政策对企业进行扶持，从而提升企业绩效。在市场竞争激烈的行业中，企业为了获得竞争优势，会加大技术创新，以获取优质人力资源，从而提升企业绩效；但同时由于市场竞争激烈，企业会降低产品价格，使得企业的财务绩效下降。

胡德勤（2018）发现，在竞争激烈的行业中，企业规模越大，人力资本存量越多，其创新绩效越显著。Gupta（2017）对全球 75 个国家进行研究发现，在发达国家的所有竞争环境中，企业的技术创新活动都会提升企业绩效；而在发展中国家，只有在低强度竞争环境中，技术创新才会有助于企业绩效的提升。

三、企业绩效的评价方法

（一）财务绩效的评价方法

财务绩效的评价方法如表 3-1 所示，每种方法都有一定的优缺点。在对企业绩效进行评价时，需要根据研究的侧重点，选择不同的方法来进行评价。

表 3-1　财务绩效的评价方法

方法	指标	优缺点
财务指标	总资产收益率、净资产收益率、每股收益、主营业务利润率	侧重于会计指标的度量，忽略了非财务因素对企业绩效的影响
经济增加值法	税后净营业利润-股权和债务的全部投入资本成本	反映了企业生产经营活动创造的价值，但对非财务因素重视不够
杜邦财务分析	股东权益报酬率=总资产净利润×权益乘数=销售净利润×总资产周转率×权益乘数	系统性强，但在全面性上没有考虑
平衡积分卡	财务指标、学习与成长指标、内部营运指标、客户指标	将财务指标与非财务指标结合起来，评价全面，但主观性较强，操作难度较大
劳动生产率	主营业务收入/企业员工人数	考察了员工的工作绩效，但掩盖了不同因素的绩效差异

（二）市场绩效的评价方法

本书认为，企业市场价值不但需要体现企业过去的盈利能力，还要判断企业的未来价值，这将表明企业市场价值的整体性与前瞻性特点。当前市场价值评价方法主要有 Tobin Q 值模型、现金流折现模型与剩余收益估价模型。

1. Tobin Q 值模型

Tobin Q 值是指企业市场价值与重置成本的比率，如公式（3-1）所示：

$$\text{Tobin Q} = \frac{\text{企业市场价值}}{\text{重置成本}} \qquad (3-1)$$

由于在实际中很难获得重置成本，因此，我们通常运用企业总资产来计算。同时，由于非流通股的价值也难获得实际数据，我们一般以净资产账面值或流通股的每股市值作为估算的基准。这时，公式（3-1）变成公式（3-2）的形式：

$$\text{Tobin Q} = \frac{\text{流通股市值} + \text{非流通股市值} + \text{净负债市值}}{\text{总资产账面值}}$$

$$= \frac{\text{流通股市值} + \text{非流通股数} \times \text{每股净资产} + \text{净负债市值}}{\text{总资产账面值}}$$

$$(3-2)$$

Tobin Q 值模型是将股票价值与投资关联起来的一种模型，若 Q>1，则意味着企业的市场价值比重置成本要高，此时，企业可以通过发行股票来购买较多的投资品，以扩大未来发展空间。相反，若 Q<1，企业通过发行股票进行融资与投资是不恰当的，企业会减少投资支出，未来成长性下降。Tobin Q 值模型能够考虑到企业未来的发展，具有前瞻性，且计算简便，无须参照其他标准进行估值，因此本书采用 Tobin Q 值来衡量企业的绩效。

2. 现金流折现模型

现金流折现模型基于货币时间价值原理，能够考虑未来的风险，通过预测企业未来的现金流，然后按照适当的折现率进行折现，并将其加总起来，以确定企业的价值，如公式（3-3）所示：

$$V = \sum_{t=1}^{n} \frac{\text{CF}_t}{(1+i)^n} + \frac{\text{TV}}{(1+i)^n} \qquad (3-3)$$

其中，V 代表企业市场价值，CF_t 为企业预期在 t 期获得的自由现金流，n 为预测期，TV 为企业预期终值，i 为反映风险的折现率。现金流折现模型以金融学中企业的价值为基础，因具有坚实的理论基础，所以在企业市场价值的计算中有着广泛的运用。

3. 剩余收益估价模型

剩余收益是指公司的净利润与股东期望获得的报酬之间的差值，剩余收益估价模型用来表示企业股票的内在价值，即公司的权益账面值与预期剩余收益之和，如公式（3-4）所示：

$$V_t = c_t + \sum_{t=0}^{n} \frac{\text{RI}_t}{(1+r)^t} \qquad (3-4)$$

其中，V_t 为企业的内在价值，c_t 为企业在 t 期的每股净资产账面收益，RI_t 为 t 期的预期剩余收益，r 为折现率。剩余收益估价模型建立了公司权益收益与财务变量之间的联系，在公司市场价值的估算中也应用得很广。

第四节　高新技术企业理论

一、高新技术企业的含义

"高新技术"这一词汇或者概念的来源最早能追溯到 20 世纪 70 年代美国出版的书籍和刊物中。高新技术（high-tech）的定义自该词出现到后来被广泛应用，都没有得到统一和明确。世界范围内对高新技术的认识，是一种建立在科学、创新之上，作为社会生产力发展主要推动力的知识密集型技术。高新技术的概念会在不同的时间和领域产生变化，可以此评价技术水准，但不用来表示某一项先进技术。

由于高新技术企业的发展对国家经济发展及国家安全有着重要的意义，因此，各国都出台了相关政策，以支持高新技术企业发展，如通过财政拨款、政策优惠、经费支持、减免赋税等方式，助力得到国家认定的高新技术企业发展。目前国际上还没有高新技术企业公认的认定标准，但在各种认定方法中，都包含了研发经费占总产值比重与科研人员占总从业人员比重两项内容。我国从 20 世纪 90 年代就开展了对高新技术企业的认定工作，并根据实际情况，对高新技术企业的认定标准进行了数次修正，最近一次出台的《高新技术企业认定管理办法》是在 2008 年版的基础上进行了修改，并于 2016 年发布的。该管理办法将高新技术企业规定为：在《国家重点支持的高新技术领域》内，持续进行研究开发与技术成果转化，形成企业核心自主知识产权，并以此为基础开展经营活动，在中国境内（不包括港、澳、台地区）注册的居民企业。该办法还规定，高新技术企业还需要满足以下条件：企业从事研发和相关技术创新活动的科技人员占企业当年职工总数的比例不低于10%；最近一年销售收入在2亿元以上的企业，比例不低于3%；近一年高新技术产品（服务）收入占企业同期总收入的比例不低于60%；等等。

从上述认定条件不难看出，知识和技术对于高新技术企业尤为重要，因此，作为知识和技术载体的人力资本很重要，其在高新技术企业中的影响要比在传统企业中的影响更大。基于此，高新技术企业要想创造企业价值，可以从如何有效发挥人力资本上进行深入研究。

二、高新技术企业特征

高新技术企业是知识密集型和技术密集型的经济实体，在研发水平、转化科技成果能力、科研人员数量和质量、已拥有的知识产权等方面与传统企业明显不同，而这些也是高新技术企业认定的主要考查内容。总的来看，相较于传统企业，高新技术企业会在投入性、风险性、收益性上表现出"三高"的特征。

（一）高投入性

高新技术企业对技术的要求较高，需要在技术上投入大量的经费，比如招聘高新技术人才、购置高精密仪器和设备、建设自动化生产厂房等。此外，在将技术转化为商品或者服务投入市场之前，企业要花费大量的时间对产品和服务进行检验，以确保产品和服务的高技术性得到有效发挥。因此，在从技术研发到技术商用化的过程中，高新技术企业在人力、物力以及财力上相较于传统企业具有明显的高投入特征。

（二）高风险性

随着经济和科学技术的发展，市场特别是高新技术领域的竞争加剧，想要在这种高竞争强度的市场中存活并发展，就需要企业拥有灵活应变的能力，保证产品和服务在技术上领先，能够跟得上市场发展，并及时满足市场需求。然而，要想拥有这种能力，企业需要投入大量人力、物力、财力，并且花费大量的时间，换言之，就是投入高、周期长，因此在产品和服务能够真正为企业带来收益之前，就存在很多不确定因素，比如研发出来的技术无法商用化；又如，当技术转化出商用产品和服务时，市场上同类产品或服务已有了更新更好的发展。简单来看，企业既承担着高投入下研发失败的风险，也承担着产品和服务跟不上市场发展的风险；具体来看，这些风险存在于企业技术研发、采购、生产、销售等方面，并且随着市场竞争的加剧，这些风险还会加大，由此不难看出高新技术企业具有高风险性的特征。

（三）高收益性

高新技术企业的高新技术性融入生产经营中，能够使其产品和服务具有稀缺性，这种稀缺性表现在能够使产品和服务在一定时间内获得市场的青睐，甚至形成短时间的垄断，企业因此可以获得高额的利润。从两个方面来看，一是高新技术企业在产品和服务上具有高附加值或者低成本的特点，这是因为高新技术企业对新能源、新材料、新工艺等高新技术的运用，能够减少对产品和服务的消耗；二是人力资本是一种无上限回报的资本，因为人的成长价值具有无限性，随着人力资本工作经验的增加，其为企业创造更高价值的可能性也会不断增加，特别是高技术人才拥有更大的为企业创造增量价值的可能性。因此，高新技术企业特别关注人力资本，在人力资本上的投入很大，尤其是对高技术人才的投入，所以其获得超额收益的可能性很大，即具有了高收益的特征。

三、高新技术企业人力资本特征

高新技术企业是现代市场中的一种知识密集和技术密集的新型经济实体。知识和技术的载体是人，因此，亦如上文所述，人力资本对于高新技术企业的发展尤为重要，而人力资本具有一些明显的特征。

（一）高新技术企业人力资本具有异质性

因为不同的人有着不一样的天赋，不一样的工作经验，不一样的教育背景，不一样的专业能力等，所以人力资本具有不同层次。在不同层次的人力资本中，占据高层次的人力资本是技术人力资本，亦是高新技术企业的核心人力资本。人力资本通过企业提供的必要的工作条件产生价值，员工个人的人力资本质量越高，产生的价值越高，表现在产品生产上的效率和质量也越高（葛玉辉，2007）。因此，人力资本具有明显的异质性。

（二）高新技术企业人力资本具有稀缺性

高新技术企业的员工除接受基础教育之外，还要通过参加专业培训和长时间的经验积累，才能获得各种对企业价值提升具有强大推动力的能力，比如技术变革的能力、创造新产品的能力、高质量管理的能力等。此外，这些能力的形成要考虑多种因素，形成的条件比较复杂，且企业核心人力资本还要求有更多的投资积累，所以稀缺性成为高新技术人力资本的明显特征之一。

（三）高新技术企业人力资本具有高流动性

从两个方面来看，一是高素质的人才有更多选择工作的机会，而高新技术企业中高素质的人才占比较高，造成企业人才流失的可能性较大；二是高新技术领域的人才市场需求变化快，企业对员工的要求会因企业发展情况不同而产生变化，导致人员的频繁流入和流出（汪金龙等，2008）。从理论上看，能力越高的人对个人工作报酬、工作环境以及晋升速度的要求越高，流动的需求也越大，也越考验企业的人力资源管理质量，所以高流动性成为高新技术企业人力资本的明显特征之一。

（四）高新技术企业人力资本具有高增值性

人力资本不同于会产生折旧、磨损、消耗的物质资本，其下限值基本不变，基本不会有明显的消耗，反而会随着时间的推移有可能得到增长，是一种无形的资本，决定了企业的创新及其转化能力。高新技术人力资本随时间推移，其增值速度会加快，而高新技术企业中高新技术人力资本又占有重要地位，所以高新技术企业人力资本具有高增值性。

第五节　本章小结

本章根据经济学与管理学的有关理论展开分析，界定了高新技术企业的概念、人力资本的概念、技术创新的概念和企业绩效的概念，为下文的实证分析打下了坚实的基础。

在人力资本理论中，本章定义了人力资本存量与流量的概念，并对人力资本的形成做了理论分析，介绍了人力资本的度量方法，为下文人力资本相关的实证分析奠定了理论基础。

在技术创新理论中，本章界定了技术创新的范畴，阐述了技术创新的形成原因和条件，以及技术创新的层次和评价方法，为下文实证分析提供了理论支持。

在企业绩效理论中，本章对企业绩效的概念进行了界定，将企业绩效划分为财务绩效与市场绩效，并分析了其影响因素，介绍了评价方法，为下文的实证分析提供了理论支撑。

在高新技术企业理论中，本章对高新技术企业进行了界定，介绍了高新技术企业的特征及其人力资本特征，界定了本书实证研究对象的范畴，并为高新技术企业的发展建议提供了理论基础。

第四章　实证设计

本章将以上述理论为基础，提出本书的研究假设。首先，本章提出人力资本对高新技术企业的绩效具有正向影响的假设，并分别从人力资本的存量与流量两个维度，探讨其对企业财务绩效与市场绩效的影响。其次，本章提出人力资本对高新技术企业技术创新的影响假设，以及技术创新对高新技术企业绩效的影响假设。再次，本章提出技术创新在人力资本与企业绩效关系间的中介效应假设。最后，本章提出行业差异、企业规模与股权性质在人力资本对企业绩效影响中的调节效应假设。根据以上假设，本章将设计出实证模型，并给出实证模型所需的变量，以及对所需变量、样本选择及数据源进行说明，以为后文的实证分析奠定基础。

第一节　研究假设

一、人力资本与企业绩效相关的假设

根据理论分析可知，人力资本分为存量与流量。由高新技术企业人力资本的特点可知，高新技术企业的人力资本存量分为员工人力资本、技术人力资本与高管人力资本；高新技术企业的人力资本流量主要由人力资本投资与人力资本流动组成。

（一）人力资本存量与企业绩效的相关性假设

1. 高新技术企业员工人力资本与企业绩效的相关性假设

新古典经济学及现代人力资源管理理论认为，企业的绩效不仅取决于企业的人力资本存量，还与人力资本的主动性有关。与物质资本不同的是，人力资本具有较强的主观能动性，这种能动性会影响人力资本作用的发挥，从而影响企业的绩效。从企业绩效的维度来看，无论是财务绩效还是市场绩效，它们都受到企业人力资本存量及主观能动性发挥的影响，前者主要是短期历史业绩会受到影响，后者则是长期业绩及资本市场预期会受到影响（王轶英，2018）。相较于一般行业的企业，高新技术企业的员工人力资本具有明显的知识与技术密集的特征，是企业的重要战略资源（刘闯，2017），是企业获得和维系重要竞争力的主要原因。在企业基础观理论中，企业的核心资源之一就是人力资本，它决定着企业的绩效。从某种程度上来说，高新技术企业的竞争是人才的竞争，是企业人力资本的竞争。高新技术企业的人力资本拥有社会平均水平以上的知识存量（袁宗，2020），其整体的人力资本存量越大，越有利于提升企业的绩效。周志明等人（2020）的研究证实了企业的人力资本存量能促进企业的绩效。基于此，提出本书的研究假设：

H1a：在其他条件相同的情况下，高新技术企业的员工人力资本与企业绩效正相关。

2. 高新技术企业技术人力资本与企业绩效的相关性假设

技术人力资本，是指企业的各类专业技术人员在技术和知识上所拥有的价值创造能力。技术创新能够给高新技术企业的发展提供基础，而各类专业技术人员是技术创新的载体，因此，技术人力资本占比高是高新技术企业的特点之一（袁宗，2020）。技术人力资本对高新技术企业的绩效具有重要的促进作用，有研究表明，高新技术企业每增加一个技术人员，可获得其价值的 2.5 倍经济效益（罗佳，2015）。高新技术企业在激烈的市场竞争中，只有保持较高的技术人力资本占比，并充分发挥技术人力资本的创造性，才能在市场中立于不败之地。高素英等人

（2016）发现，高新技术企业的创新型人力资本对企业的绩效有显著的正向影响。专用性人力资本是高新技术企业人力资本中的重要组成部分，其更能发挥技术专长，创造更多的价值，从而提升企业绩效。一些研究发现，企业专用性人力资本与企业的绩效存在正相关关系（胡志浩，2010；张如山 等，2017）。基于此，提出本书的研究假设：

H1b：在其他条件相同的情况下，高新技术企业的技术人力资本与企业绩效正相关。

3. 高新技术企业高管人力资本与企业绩效的相关性假设

高新技术企业作为知识经济的产物，面临着激烈的国内外市场竞争。企业只有高质量地发挥自身优势，并快速适应市场的变化，才能在激烈的市场竞争中安身立命，在变化的市场中寻找新的商机。在这种情况下，高新技术企业的高管必须及时做出决策，并将决策有效执行，以提升企业的绩效（张孟昌，2013）。对于企业而言，尤其是高新技术企业，公司高管的主要职责是根据市场内外部环境的变化，制定并执行相应的公司战略。高新技术企业的人力资本水平与高管制定和执行的战略密切相关，因而可称为战略人力资本（刘闯，2017）。高管人员能对企业绩效产生积极作用，大部分是凭借其自身的决策和执行能力（古家军 等，2008）。Gerstner、König 与 Enders（2013）研究发现，高新技术企业高管的经验与构成在一定程度上决定了企业的绩效。刘闯（2017）研究发现，高新技术企业的高管人力资本对企业的绩效有显著的促进作用。基于此，提出本书的研究假设：

H1c：在其他条件相同的情况下，高新技术企业的高管人力资本与企业绩效正相关。

（二）人力资本流量与企业绩效的相关性假设

1. 人力资本投资与企业绩效的相关性假设

现有的关于人力资本对企业绩效的影响的研究并没有一致结论，这可能是因为大多数研究主要关注两者之间的直接效应，缺乏对其进行深入分析，使得某些表象在不同的国家与地区被观测到，导致结论不一致。

人力资本投资的收益表现在两方面：一是直接提升企业的绩效；二是规范企业内部人力资本的管理制度，以构建良好的企业文化，提高企业的运营效率。有研究认为，人力资本能够对企业绩效产生直接的积极作用，企业员工的生产效率会随着人力资本投资的增加而提高，从而提升企业绩效（罗佳，2015）。同样，人力资本投资规范了企业的内部管理制度，促进了部门协调，提升了员工的生产效率。高新技术企业只有快速地对产品和服务进行变革或创新，才能在当今竞争激烈、技术换代快的市场中不断发展。因此，企业必须根据市场竞争、技术或产品更新状况，积极对人力资本展开培训，凭借人力资本投资使人力资源在量和质上得到提升，并将其转化为现实的生产力，从而提升企业绩效。

基于此，提出本书的研究假设：

H1d：在其他条件相同的情况下，高新技术企业的人力资本投资与企业绩效正相关。

2. 人力资本流动与企业绩效的相关性假设

人力资本的流动包括人力资本在企业间的流动与人力资本在企业内的流动。前者包括人力资本的流入与流出，具体表现为员工招聘、离职、解雇等；后者是指人力资本在企业内部的横向与纵向流动，具体表现为升职、降职与轮岗等。

对于高新技术企业来说，人力资本的流入填补了企业人才的空缺，满足了企业对人才的需求。在总量上，企业招揽高质量的管理和技术人才，其人力资本存量会随着人力资本的流入而增加；新员工能够带来新活力与新思想，以及新的创新力量（罗佳，2015）。因此，适当的人力资本流动有利于企业创造更大的价值（莫一芳，2012），从而提升企业绩效。

公司人力资本的适当流出，尤其是低素质人力资本的自然流出或被公司清理出去，都会给在职员工带来一定的压力，这在一定程度上能够激励在职员工，使得在职员工充分发挥其主观能动性，提高创造力，从而提升企业的绩效（吴华明，2018）。但员工的离职也意味着企业人力资本投资的损失，尤其是掌握核心技术的员工、关键点销售岗位员工以及核心的管理员工的离职，将会给企业带来较大损失（罗佳，2015）。总的说来，当人力资本流入大于流出时，有利于企业绩效的提升。

基于此，提出本书的研究假设：

H1e：在其他条件相同的情况下，当高新技术企业的人力资本流动表现为净流入时，其与企业绩效正相关。

二、人力资本与技术创新相关的假设

（一）人力资本存量与技术创新的相关性假设

高新技术产品具有高知识密度、高创造性、高研发投入等特点，这决定了知识与技术内化于人的人力资本积累对推动产业发展具有重要作用。在技术创新方面，高新技术产业是典型的人力资本起决定性作用的产业。

人力资本作为一种生产要素，其存量越高，发挥要素生产性的功能越显著。不同于物质资本，人力资本既可以通过"干中学"提高自身水平，又可以通过沟通交流与相互作用，促进整体人力资本增值。高新技术产业中的技术人力资本占比最大，它能显著增加人力资本积累。高新技术产业中技术人力资本主要由高学历的大学生、研究生或有经验的科研人员组成，这有利于员工相互学习，通过"干中学"效应，增加企业人力资本积累，从而促进技术创新（佟锐 等，2008）。

人力资本通过知识的获取、知识的消化、知识的转化、知识的利用四方面，来促进高新技术企业的技术创新（佟锐 等，2008）。蒋建武（2011）研究发现，人力资本通过提升知识资本的存量、促进组织学习、影响组织氛围三种途径，来促进企业创新能力的提升。裴政与罗守贵（2020）认为，企业人力资本存量越大，其技术创新越有规模效应。

基于此，提出本书的研究假设：

H2a：在其他条件相同的情况下，高新技术企业的人力资本存量与技术创新正相关。

（二）人力资本流量与技术创新的相关性假设

人力资本投资促进企业技术创新主要有三条路径（杨拔翠，2020）。一是人力资本投资提升了人力资本的价值水平，促进了知识技术增长。人力资本投资可以提升人力资本的知识水平、技能与素质，促使人力资本创造出大于自身价值的经济效益，为技术创新奠定基础。人力资本价值的提升，使得人力资本对专业知识技能的掌握程度加深，从而加快了技术创新速度，提高了劳动生产率。二是人力资本投资提高了人力资本的认知能力，促进了资源的有效配置。人力资本认知能力的提升，使得员工在工作中能扬长避短，实现与岗位的最佳匹配。三是人力资本投资提供了智力资源，以实现创新产出。人力资本投资能提高员工的科技文化素质及思想道德素质，为技术创新提供高素质的智力资源。Seclen 等人（2020）的研究证实了员工的受教育程度越高，其技术创新越多。

但在人力资本投资与企业的技术创新产出之间，还存在一定的时间差。企业的技术创新也不是一朝一夕实现的，从接受人力资源投资，到将知识技能转化为技术创新的成果，还需要大量摸索和试验。

基于此，提出本书的研究假设：

H2b：在其他条件相同的情况下，高新技术企业的人力资本投资与技术创新正相关，但具有一定的滞后性。

现有关于人力资本流动对技术创新的影响的研究相对不多，但基本都认为人力资本流动可能会提升企业的技术创新绩效。顾婷婷（2016）认为，人力资本流动通过知识的溢出效应，改变了企业内部整体的知识水平，从而提升了企业的技术创新效率。戴蕙阳等人（2021）认为，人力资本流动加剧了人力资本市场的竞争，企业为留住精英人才，会提升技术创新绩效以提高企业竞争力。同时，人力资本流动会引起知识的流动，从而提升区域内企业的整体技术创新绩效。在实际中，人力资本流动除了能够对高新技术企业的技术创新产生积极的促进作用，还能促使企业调整人力资本结构，以及促使企业优化产业链上的人力资本分布，以建立高效可持续的人力资本管理模式，从而推动企业提升创新绩效。

虽然人力资本流动，尤其是人力资本流入能够对企业的技术创新产生积极影响，但新加入的员工可能对企业的制度、运行规程等还不熟悉，因此难以形成现实的创新能力。对于人力资本流出而言，由于关键或核心技术人员的流失，不仅会影响当前的企业研发或生产，还可能会影响以后相应工作的开展。因此，不管是人力资本流入还是流出，其对技术创新的影响不仅会在当期出现，还存在滞后效应。

基于此，提出本书的研究假设：

H2c：在其他条件相同的情况下，高新技术企业的人力资本流动与技术创新正相关，但具有一定的滞后性。

三、技术创新与企业绩效相关的假设

基于经典的"资源—能力—绩效"模型，可以解释技术创新对企业绩效的影响（王铁男 等，2012）。首先，从资源角度来看，技术创新通过投入各类资源，对要素进行有效组合或提升要素的产出效率，以实现企业经营目标。技术创新的过程一般可以分为研发、制造与商品化三个阶段，在各阶段都需要投入不同的资源，而不同的资源投入形成的技术创新能力存在差异。作为企业的核心竞争要素，技术创新影响着企业的产品和服务的竞争力，从而对企业绩效产生影响。其次，从企业经营角度来看，在市场中，技术创新能力更强的企业能够比竞争对手更快地开发新技术，获得新专利，研发新产品，从而为企业获得一定的市场垄断权利及市场定价权利，有着较强的竞争力。最后，企业尤其是高新技术企业通过研发或技术引进，改变了原有的生产技术（如引进新的生产模式，采用新的流水作业，启用新的物流系统），使得原材料成本降低，劳动生产率提高，从而提升企业绩效。

企业的绩效可以从两个维度进行度量：一是企业的财务绩效，二是企业的市场绩效。技术创新对二者的影响具有共性（王轶英，2018）。

财务绩效通常反映企业短期的历史业绩，技术创新产生的业绩会直接在企业的财务指标上得到反映。而市场绩效反映的是企业的长期绩效及投资者对企业未来收益的预期，企业的技术创新会影响企业当前的财务绩效，必然会对长期利润与未来收益产生影响，从而影响企业的市场绩效。刘振和程鸿雁（2019）发现，技术创新对企业财务绩效存在显著影响；而米晋宏等人（2019）认为，技术创新提升了企业对市场的控制力，进而促进了企业市场绩效的提升。

基于此，提出本书的研究假设：

H3a：技术创新与企业财务绩效正相关。

H3b：技术创新与企业市场绩效正相关。

四、技术创新的中介作用假设

上述关于人力资本与企业绩效的关系的文献综述中，学者们并没有达成一致的看法。这是因为上述研究主要探讨的是人力资本与企业绩效的直接关系。事实上，人力资本除对企业绩效有直接影响外，还存在间接影响。这可能是现有研究没有得出一致结论的主要原因。

技术创新是企业形成核心竞争力的关键，也是全面提升企业绩效的直接作用因素，而人力资本是技术创新的载体。从人力资本存量来看，高新技术企业的员工人力资本、技术人力资本及高管人力资本的水平越高，存量越多，其转化为企业技术创新的能力越强，从而越能有效提升企业绩效。从人力资本流量来看，企业的人力资本投资越多，越能促进人力资本知识、技能水平的提升，从而有效提升企业的技术创新能力，并间接提升企业绩效。夏晶与毛燕（2010）研究发现，人力资本的各要素价值正向促进企业绩效，而技术创新具有中介作用。彭伟辉（2019）研究发现，由于不同人力资本的创新能力不同，使得企业绩效出现差异，异质性的人力资本对企业绩效的影响具有明显差异。这也间接证实了技术创新在人力资本与企业绩效的关系中起到了中介作用。因此，如图4-1所示，人力资本对企业绩效的影响在于：一方面，企业的财务绩效与市场绩效受到人力资本的直接影响；另一方面，人力资本通过影响技术创新，进而影响企业的绩效。

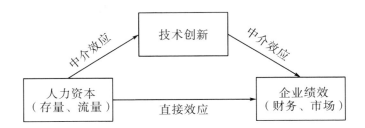

图 4-1　人力资本、技术创新与企业绩效的作用机制

基于此，提出本书的研究假设：

H4：无论是在人力资本存量层面，还是在人力资本流量层面，技术创新在人力资本影响企业绩效的过程中都起着中介作用。

五、企业异质性的调节作用假设

（一）企业规模的调节作用

企业规模越大，可以使用的各类资源越丰富。规模较大的企业相较于规模较小的企业，其人力资本的存量更多，因此拥有优秀人力资本的绝对数量也会更多。对于高新技术企业而言，企业的绩效会随着高质量人力资本的增加而提升。企业利用和调动资源的能力会影响人力资本对企业的效力，大企业能利用和调动的资源更多，就有更多的人力资本存量能与更多的物质资本相结合，从而创造出更多的价值。赵丹（2013）研究发现，企业人力资本价值水平和企业绩效水平与企业规模有关，企业的人力资本存量越多，其对企业绩效的正向影响越大。

企业规模越大，其实力越雄厚，对人力资本进行投资的资源越多，因此人力资本流入率也越高。杨勇与达庆利（2007）研究发现，企业的规模与人力资本投资密切相关，同时企业规模也与技术创新存在显著的正相关关系。王李（2017）发现，规模越大的企业越会进行人力资本投资，从而促进企业绩效的提升。大规模企业的工作稳定性高于小规模企业，因此有利于吸引优秀人力资本的加入，这有利于促进企业绩效的提升。

基于此，提出本书的研究假设：

H5a：企业规模在人力资本存量与企业绩效的关系中具有正向调节作用。

H5b：企业规模在人力资本流量与企业绩效的关系中具有正向调节作用。

（二）股权性质的调节作用

基于委托代理理论，相对于非国有企业，国有企业的股东和经理人之间存在相对复杂的关系，委托代理成本较高，各层级的代理监管难度较大，可能出现代理人不作为的情况（周志明 等，2020）。国有股权性质对不同类型的人力资本具有不同的影响。对于员工人力资本而言，由于企业的委托代理成本相对较高，员工的工作积极性可能受到影响，因此国有企业中员工人力资本与企业绩效的相关性要低于非国有企业。同时，国有企业的规模较大，承担的社会责任也较多，其高管人力资本更注重企业的发展与业绩，因此国有企业的高管人力资本与企业绩效呈正相关关系。此外，相对于非国有企业，国有企业能够享受到的国家给予的支持和补助更多，能够让技术人力资本得到更多资金支持，而且其对来自市场的干扰也有一定的抗性，所受影响较小，因此，技术人力资本的增加会促使国有企业的绩效提高（周志明 等，2020）。

股权性质不同的企业对人力资本的布局也不一样。相较于非国有企业，国有企业更重视对人力资本的投资，因此有着相对较低的人力资本流动率。此外，国有企业比非国有企业更容易得到政治资源。丰富的政治资源给国有企业带来了优惠的政策、低廉的融资成本（王轶英，2018）。因此，国有企业会加大对人力资本的相关投资，以减少人力资本的流出，从而提升企业的绩效。

基于此，提出本书的研究假设：

H5c：股权性质在人力资本存量与企业绩效的关系中具有调节作用，其调节效应与人力资本类型有关。

H5d：股权性质在人力资本流量与企业绩效的关系中具有调节作用。

第二节　样本选择及数据源

根据证监会行业分类标准对选取的样本进行划分。考虑到样本数据为非平衡面板数据，本书选取 2015—2020 年通过国家高新技术企业认证的沪深上市公司为研究样本，这些公司包括在主板、创业板、中小板及新三板上市的公司。样本选取要求：一是不能有经过 ST、*ST 与 PT 特别处理的上市公司样本；二是不能有金融行业上市公司样本。上市公司有关的股票价格数据、财务数据、专利数据来自 Wind 数据库。其他数据来自国泰安 CSMAR 数据库、瑞思 RESSET 数据库，个别数据通过巨潮信息网以及沪深两市网址公布的上市高新技术企业年报手工整理得到。为避免极端值的影响，本书对所有样本进行 1% 缩尾处理（winsorize），并应用 STATA16 软件进行数据分析。

第三节　研究变量及定义

一、被解释变量

本书的被解释变量为企业绩效。现有研究通常用总资产收益率（ROA）等财务指标来度量企业的财务绩效，它能够较为全面地反映企业最近的经营状况，是评价企业盈利能力的重要指标，也是企业资产综合利用的核心指标，但该指标容易受到上市公司的操纵。而采用企业的市场价值来度量企业绩效可以弥补这方面的不足，通常用公司市场价值与其资产重置成本的比率（Tobin Q）来表示，它能反映企业长期的经营及现金流状况。因此，现有研究主要采用以上两种指标来评价上市公司的企业绩效，即财务绩效与市场绩效（朱焱 等，2013；王轶英，2018）。本书的被解释变量也采用上述两种方式进行度量，财务绩效与市场绩效分别用总资产收益率（ROA）和公司市场价值与其资产重置成本的比率（Tobin Q）来表示。

二、解释变量

（一）人力资本存量

本书将高新技术企业的人力资本存量分为员工人力资本、技术人力资本、高管人力资本。

1. 员工人力资本（staff）。员工人力资本是指员工的知识与技能的存量，这些主要通过学校学习、技术培训与实践经验获得。通常情况下，员工的受教育程度越高，其人力资本存量越多。因此，员工的受教育程度在一定程度上可以反映员工人力资本的存量。对于高新技术企业而言，其具有知识密集与技术密集的特点，与传统产业相比，该企业员工的受教育程度相对较高，尤其是大专以上学历的人员占比较大。现有研究多采用大专以上学历人员占比来度量员工人力资本，如罗佳（2015）、刘闯（2017）等学者的研究。本书也采用该指标来度量员工人力资本。

2. 技术人力资本（tech）。对于高新技术企业而言，保持产品与技术的高质量发展是维系企业竞争力的关键因素，这大多数依靠技术人力资本的创新能力。企业的技术人力资本数量越多，则企业的创新能力越强，竞争优势也越大。现有研究主要采用专业技术人员的存量来度量技术人力资本，如卢馨（2013）、李健与俞会新（2015）、刘闯（2017）等采用专业技术人员在企业总人力资本中的占比来度量技术人力资本。本书也采用该指标度量高新技术企业的技术人力资本。

3. 高管人力资本（manage）。高新技术企业面临复杂多变的市场环境，高管人员能够利用自身的管理经验与资源，为企业发展做出重大战略决策，使企业保持有效的运行，从而促进企业绩效提升。关于高管人力资本的度量，孙慧与杨王伟（2019）用高管人员的平均受教育年限来度量；刘闯（2017）用高管人员的薪酬之和来度量；吴满平、万龙龙与张海波（2011）用高管人员的平均薪酬来度量。根据委托代理理论，采用高管的薪酬来度量高管人力资本，可以减少企业的代理成本，同时高管薪酬也反映了高管人力资本的价值。此外，考虑到不同的高新技术企业规模会影响高管的薪酬，本书采用高管人员的平均薪酬来度量高管人力资本存量。

（二）人力资本流量

1. 人力资本投资（invest）。人力资本投资包括企业对员工的教育培训、薪酬支出、卫生保健投资及岗位锻炼等（罗佳，2015）。关于人力资本投资的度量，部分学者采用教育培训费用来度量（杨拔翠，2020）；但由于人力资本投资包括多方面，该指标可能无法对人力资本的投资进行全面度量。张燕（2020）认为，用人力资本成本法可以度量人力资本曾经获得过的投资。因此，本书参考吴华明（2018）及张燕（2020）等学者的做法，用支付给职工以及为职工支付的现金来度量人力资本投资。

2. 人力资本流动（flow）。人力资本流动包括人力资本的流入与流出。现有研究多从宏观区域层面对人力资本流动进行度量，而从微观公司层面度量人力资本流动的研究较少。本书参考罗佳（2015）、张瑞利与包桉冰（2016）的研究，同时考虑到高新技术企业的特点，采用企业本期和上期大专以上学历员工人数的差值与企业上期大专以上学历员工人数的比值来度量人力资本流动。

（三）技术创新

对于高新技术企业而言，技术创新的直接结果是专利数量（patent）增加。现有研究大多采用专利数量来度量技术创新，对比其他的度量指标，企业的专利数量提供了可计量的、易识别的技术创新成果，能够为公众所知晓，且能够在技术市场中流通。本书采用企业每年增加的专利数量来度量企业创新增加值。在中国的专利中，技术难度和价值最高的是发明专利，除此之外，还有外观专利和实用新型专利。本书分别用每年申请专业总量（tpatent）与每年新增发明专利数量（in patent）来度量企业的技术创新。相较于每年申请专业总量，每年新增发明专利数量更能体现企业的自主创新能力。

三、调节变量与控制变量

（一）调节变量

1. 企业规模（size）。企业规模会影响人力资本与企业绩效之间的关系，借鉴现有关于上市公司企业绩效的研究，本书选取上市公司的总资产作为共生资产的代理变量。

2. 股权性质（own）。本书参考大多数研究的做法，设置虚拟变量来度量股权性质，股权性质为国有取值为 1，非国有则取值为 0。

（二）控制变量

1. 资产负债率（debt）。资产负债率可以直接反映企业的债务状况，而间接可以反映企业整体的财务状况。一般而言，企业的财务状况越好，公司能够利用的财务资源越多，公司的绩效会相对越好。参考刘闯（2017）的研究，本书将资产负债率作为控制变量。

2. 企业成长性（grow）。企业的成长性是指企业经营规模或销量的增长速度，企业的成长性越好，其市场竞争能力越强，企业的绩效也就越好。参考王轶英（2018）的研究，本书采用总资产增长率来度量企业成长性，以了解在不同成长速度下企业绩效受到的影响。上述所有变量的定义与说明如表 4-1 所示。

表 4-1 变量定义与说明

变量类型	变量名称	变量符号	变量说明
被解释变量	企业财务绩效	ROA	净利润/企业平均总资产
	企业市场绩效	Tobin Q	企业的市场价值/企业资产的重置成本
解释变量	员工人力资本	staff	大专及以上学历员工数/员工总数
	技术人力资本	tech	技术员工人数/企业总人数
	高管人力资本	manage	高管人员的平均薪酬
	人力资本投资	invest	支付给职工以及为职工支付的现金
	人力资本流动	flow	（本期大专以上学历员工人数−上期大专以上学历员工人数）/上期大专以上学历员工人数[①]
	专利数量	tpatent	企业每年申请专利总量
	发明专利数量	in patent	企业每年新增发明专利数量
调节变量/控制变量	企业规模	size	总资产
	股权性质	own	国有取值为1，非国有取值为0
	资产负债率	debt	期末总负债/期末总资产
	企业成长性	grow	总资产增长率

第四节　模型设定

一、人力资本与企业绩效的相关性模型

参考朱焱与张孟昌（2013）、罗佳（2015）、刘闯（2017）等的相关研究，本书构建模型（4-1）和模型（4-2）来研究人力资本存量与流量对企业绩效的影响，以验证假设 H1a、H1b、H1c、H1d、H1e。

---

① 罗佳. 高新技术企业人力资本与企业绩效关系的研究 [D]. 太原：太原理工大学，2015.

$$\text{perform}_{i,t} = \alpha_0 + \alpha_1 \, \text{staff}_{i,t} + \alpha_2 \, \text{manage}_{i,t} + \alpha_3 \, \text{invest}_{i,t} + \alpha_4 \, \text{flow}_{i,t} +$$

$$\sum \alpha_5 \, \text{control}_{i,t} + \varepsilon_{i,t} \quad\quad (4\text{-}1)$$

$$\text{perform}_{i,t} = \alpha_0 + \alpha_1 \, \text{tech}_{i,t} + \alpha_2 \, \text{manage}_{i,t} + \alpha_3 \, \text{invest}_{i,t} + \alpha_4 \, \text{flow}_{i,t} +$$

$$\sum \alpha_5 \, \text{control}_{i,t} + \varepsilon_{i,t} \quad\quad (4\text{-}2)$$

其中，$\text{perform}_{i,t}$ 为企业的绩效，包括财务绩效（$\text{ROA}_{i,t}$）与市场绩效（$\text{Tobin Q}_{i,t}$）；$\text{staff}_{i,t}$ 为员工人力资本；$\text{tech}_{i,t}$ 为技术人力资本；$\text{manage}_{i,t}$ 为高管人力资本；$\text{invest}_{i,t}$ 为人力资本投资；$\text{flow}_{i,t}$ 为人力资本流动；$\text{control}_{i,t}$ 为所有的控制变量。预期系数 α_1、α_2、α_3、α_4 均为正。

二、人力资本与技术创新的相关性模型

为验证人力资本存量与流量对技术创新的影响，本书以技术创新为被解释变量，构建模型（4-3）与模型（4-4），以验证假设 H2a、H2b、H2c。

$$\text{patent}_{i,t} = \beta_0 + \beta_1 \, \text{staff}_{i,t} + \beta_2 \, \text{manage}_{i,t} + \beta_3 \, \text{invest}_{i,t} + \beta_4 \, \text{flow}_{i,t} +$$

$$\beta_5 \, \text{invest}_{i,t-n} + \beta_6 \, \text{flow}_{i,t-n} + \sum \beta_7 \, \text{control}_{i,t} + \varepsilon_{i,t} \quad (4\text{-}3)$$

$$\text{patent}_{i,t} = \beta_0 + \beta_1 \, \text{tech}_{i,t} + \beta_2 \, \text{manage}_{i,t} + \beta_3 \, \text{invest}_{i,t} + \beta_4 \, \text{flow}_{i,t} +$$

$$\beta_5 \, \text{invest}_{i,t-n} + \beta_6 \, \text{flow}_{i,t-n} + \sum \beta_7 \, \text{control}_{i,t} + \varepsilon_{i,t} \quad (4\text{-}4)$$

其中 $\text{patent}_{i,t}$ 代表两种不同技术创新度量方式，包括企业每年申请专利总量（$\text{tpatent}_{i,t}$）与企业每年新增发明专利数量（$\text{in patent}_{i,t}$）。预期人力资本存量与流量的系数均为正值。

三、技术创新与企业绩效的相关性模型

本书以企业绩效为被解释变量，构建模型（4-5）来研究技术创新对企业绩效的影响，以验证假设 H3a、H3b。

$$\text{perform}_{i,t} = \gamma_0 + \gamma_1 \, \text{patent}_{i,t} + \sum \gamma_2 \, \text{control}_{i,t} + \varepsilon_{i,t} \quad (4\text{-}5)$$

其中，$\text{perform}_{i,t}$ 为企业的绩效，包括财务绩效（$\text{ROA}_{i,t}$）与市场绩效

（Tobin $Q_{i,t}$）；$patent_{i,t}$ 代表两种不同技术创新的度量方式，包括企业每年申请专利总量（$tpatent_{i,t}$）与企业每年新增发明专利数量（$in\ patent_{i,t}$）。

四、技术创新的中介作用模型

为验证假设 H4 中关于技术创新在人力资本影响企业绩效的过程中起的中介作用，本书采用王櫓櫓（2018）的分步回归法进行检验，并构建模型（4-6）和模型（4-7）。

$$perform_{i,t} = \theta_0 + \theta_1\ staff_{i,t} + \theta_2\ manage_{i,t} + \theta_3\ invest_{i,t} + \theta_4\ flow_{i,t} + \theta_5\ patent_{i,t} + \sum \theta_6\ control_{i,t} + \varepsilon_{i,t} \qquad (4-6)$$

$$perform_{i,t} = \theta_0 + \theta_1\ tech_{i,t} + \theta_2\ manage_{i,t} + \theta_3\ invest_{i,t} + \theta_4\ flow_{i,t} + \theta_5\ patent_{i,t} + \sum \theta_6\ control_{i,t} + \varepsilon_{i,t} \qquad (4-7)$$

综上所述，模型（4-1）、（4-3）、（4-5）、（4-6）与模型（4-2）、（4-4）、（4-5）、（4-7）这两组方程分别为技术创新在人力资本存量与企业绩效关系、技术创新在人力资本流量与企业绩效中的中介效应的分步回归检验流程。根据理论分析，预期 β_1 与 β_2 显著为正，且 γ_1 为正，员工人力资本与高管人力资本（技术人力资本）的中介效应分别为 $\beta_1 \gamma_1$ 和 $\beta_2 \gamma_1$，即企业增加人力资本存量可以促进企业创新能力的提升，从而有助于提升企业绩效。如果 θ_1 和 θ_2 均显著为正，且 θ_1 或 θ_2 的绝对值小于模型（4-1）或模型（4-2）中 α_1 和 α_2 的绝对值，则人力资本存量可直接和间接影响企业绩效，且创新能力在其中起到部分中介作用。如果人力资本存量系数 θ_1 或 θ_2 不显著，则创新能力可视为完全中介变量。人力资本投资与人力资本流量的中介效应则可以分别表示为 $\beta_3 \gamma_1$ 和 $\beta_4 \gamma_1$。

五、企业异质性的调节作用模型

为验证假设 H5a、H5b、H5c，本书将引入企业异质性代理变量

character$_{i,t}$ 作为调节变量。根据研究假设，代理变量 character$_{i,t}$ 是指企业规模（size）、股权性质（own）等代表企业异质性的指标。由于研究需要，本书暂不考虑人力资本流量对技术创新的滞后影响。

首先，构建模型（4-8）、（4-9）、（4-10），以分析企业异质性对人力资本与企业绩效关系的直接调节作用。此处以企业绩效为被解释变量，以人力资本、企业异质性、人力资本与企业异质性的交互项以及控制变量为解释变量进行回归，如果回归后的交互项系数显著，则说明企业异质性在人力资本与企业绩效的关系中具有调节作用的结论成立。

$$
\begin{aligned}
\text{perform}_{i,t} = {} & \delta_0 + \delta_1 \text{ staff}_{i,t} + \delta_2 \text{ manage}_{i,t} + \delta_3 \text{ character}_{i,t} + \delta_4 \text{ staff}_{i,t} \times \\
& \text{character}_{i,t} + \delta_5 \text{ mange}_{i,t} \times \text{character}_{i,t} + \sum \delta_6 \text{ control}_{i,t} + \\
& \varepsilon_{i,t} \qquad\qquad\qquad\qquad\qquad\qquad\qquad\qquad\qquad\qquad (4\text{-}8)
\end{aligned}
$$

$$
\begin{aligned}
\text{perform}_{i,t} = {} & \delta_0 + \delta_1 \text{ tech}_{i,t} + \delta_2 \text{ manage}_{i,t} + \delta_3 \text{ character}_{i,t} + \delta_4 \text{ tech}_{i,t} \times \\
& \text{character}_{i,t} + \delta_5 \text{ mange}_{i,t} \times \text{character}_{i,t} + \sum \alpha_5 \text{ control}_{i,t} + \\
& \varepsilon_{i,t} \qquad\qquad\qquad\qquad\qquad\qquad\qquad\qquad\qquad\qquad (4\text{-}9)
\end{aligned}
$$

$$
\begin{aligned}
\text{perform}_{i,t} = {} & \delta_0 + \delta_1 \text{ invest}_{i,t} + \delta_2 \text{ flow}_{i,t} + \delta_3 \text{ character}_{i,t} + \delta_4 \text{ invest}_{i,t} \times \\
& \text{character}_{i,t} + \delta_5 \text{ flow}_{i,t} \times \text{character}_{i,t} + \sum \delta_6 \text{ control}_{i,t} + \\
& \varepsilon_{i,t} \qquad\qquad\qquad\qquad\qquad\qquad\qquad\qquad\qquad\qquad (4\text{-}10)
\end{aligned}
$$

模型（4-8）主要用于检验企业异质性是否在员工人力资本、高管人力资本与企业绩效的直接关系中存在调节作用。如果系数 δ_4 和 δ_5 显著，则说明企业异质性在员工人力资本、高管人力资本与企业绩效的关系中存在调节效应。根据研究假设，企业规模（size$_{i,t}$）与股权性质（own$_{i,t}$）均在上述关系中存在正向调节效应。

模型（4-9）主要用于检验企业异质性是否在技术人力资本、高管人力资本与企业绩效的直接关系中存在调节作用。如果系数 δ_4 和 δ_5 显著，则说明企业异质性在技术人力资本、高管人力资本与企业绩效的关系中存在调节效应。根据研究假设，企业规模（size$_{i,t}$）与股权性质（own$_{i,t}$）在上述关系中均存在正向调节效应。

模型（4-10）主要用于检验企业异质性是否在人力资本流量与企业绩效的直接关系中存在调节作用。如果系数 δ_4 和 δ_5 显著，则说明企业异质性在企业人力资本流量与企业绩效的关系中存在调节作用。根据研究假设，企业规模（$\text{size}_{i,t}$）与股权性质（$\text{own}_{i,t}$）在上述关系中均存在正向调节效应。

其次，构建模型（4-11）、（4-12）、（4-13），以分析企业异质性对人力资本与技术创新关系的调节作用。此处以技术创新为被解释变量，以人力资本、企业异质性、技术创新与企业异质性的交互项以及控制变量为解释变量进行回归，如果回归后的交互项系数显著，则说明企业异质性在人力资本与技术创新的关系中具有调节作用的结论成立。

$$\text{patent}_{i,t} = \delta_0 + \delta_1\,\text{staff}_{i,t} + \delta_2\,\text{manage}_{i,t} + \delta_3\,\text{character}_{i,t} + \delta_4\,\text{staff}_{i,t} \times \text{character}_{i,t} + \delta_5\,\text{mange}_{i,t} \times \text{character}_{i,t} + \sum \delta_6\,\text{control}_{i,t} + \varepsilon_{i,t} \tag{4-11}$$

$$\text{patent}_{i,t} = \delta_0 + \delta_1\,\text{tech}_{i,t} + \delta_2\,\text{manage}_{i,t} + \delta_3\,\text{character}_{i,t} + \delta_4\,\text{tech}_{i,t} \times \text{character}_{i,t} + \delta_5\,\text{mange}_{i,t} \times \text{character}_{i,t} + \sum \alpha_5\,\text{control}_{i,t} + \varepsilon_{i,t} \tag{4-12}$$

$$\text{patent}_{i,t} = \delta_0 + \delta_1\,\text{invest}_{i,t} + \delta_2\,\text{flow}_{i,t} + \delta_3\,\text{character}_{i,t} + \delta_4\,\text{invest}_{i,t} \times \text{character}_{i,t} + \delta_5\,\text{flow}_{i,t} \times \text{character}_{i,t} + \sum \delta_6\,\text{control}_{i,t} + \varepsilon_{i,t} \tag{4-13}$$

模型（4-11）和模型（4-12）主要用于检验企业异质性是否在人力资本存量与技术创新的关系中存在调节作用。如果系数 δ_4 和 δ_5 显著，则说明企业异质性在企业人力资本存量与技术创新的关系中存在调节效应。根据研究假设，企业规模（$\text{size}_{i,t}$）与股权性质（$\text{own}_{i,t}$）在上述关系中均存在正向调节效应。

模型（4-13）主要用于检验企业异质性是否在人力资本流量与技术创新的关系中存在调节作用。如果系数 δ_4 和 δ_5 显著，则说明企业异质性在企业人力资本流量与技术创新的关系中存在调节效应。根据研究假设，企业规模（$\text{size}_{i,t}$）与股权性质（$\text{own}_{i,t}$）均在上述关系中存在正向调节效应。

最后，构建模型（4-14）、（4-15）、（4-16），以分析企业异质性对人力资本与企业绩效关系的中介调节作用。此处以企业绩效为被解释变量，以人力资本、技术创新、企业异质性、人力资本与企业异质性的交互项、技术创新与企业异质性的交互性以及控制变量为解释变量进行回归，如果回归后的技术创新与企业异质性的交互项系数显著，则说明企业异质性对中介变量具有调节效应。

$$\text{perform}_{i,t} = \delta_0 + \delta_1 \text{staff}_{i,t} + \delta_2 \text{manage}_{i,t} + \delta_3 \text{character}_{i,t} + \delta_4 \text{staff}_{i,t} \times \text{character}_{i,t} + \delta_5 \text{mange}_{i,t} \times \text{character}_{i,t} + \delta_6 \text{patent}_{i,t} \times \text{character}_{i,t} \sum \delta_6 \text{control}_{i,t} + \varepsilon_{i,t} \quad (4\text{-}14)$$

$$\text{perform}_{i,t} = \delta_0 + \delta_1 \text{tech}_{i,t} + \delta_2 \text{manage}_{i,t} + \delta_3 \text{character}_{i,t} + \delta_4 \text{tech}_{i,t} \times \text{character}_{i,t} + \delta_5 \text{mange}_{i,t} \times \text{character}_{i,t} + \delta_6 \text{patent}_{i,t} \times \text{character}_{i,t} \sum \alpha_5 \text{control}_{i,t} + \varepsilon_{i,t} \quad (4\text{-}15)$$

$$\text{perform}_{i,t} = \delta_0 + \delta_1 \text{invest}_{i,t} + \delta_2 \text{flow}_{i,t} + \delta_3 \text{character}_{i,t} + \delta_4 \text{invest}_{i,t} \times \text{character}_{i,t} + \delta_5 \text{flow}_{i,t} \times \text{character}_{i,t} + \delta_6 \text{patent}_{i,t} \times \text{character}_{i,t} \sum \delta_6 \text{control}_{i,t} + \varepsilon_{i,t} \quad (4\text{-}16)$$

模型（4-14）和模型（4-15）主要用于检验企业异质性是否在人力资本存量与企业绩效间存在中介变量的情况下具有调节效应。如果系数 δ_6 显著，即表示企业异质性对企业人力资本存量与企业绩效的关系存在有中介的调节效应。根据研究假设，企业规模（$\text{size}_{i,t}$）与股权性质（$\text{own}_{i,t}$）均在上述关系中存在正向调节效应。

模型（4-16）主要用于检验企业异质性是否在人力资本流量与企业绩效间存在中介变量的情况下具有调节效应。如果系数 δ_6 显著，即表示企业异质性对企业人力资本流量与企业绩效的关系存在有中介的调节效应。根据研究假设，企业规模（$\text{size}_{i,t}$）与股权性质（$\text{own}_{i,t}$）均在上述关系中存在正向调节效应。

模型（4-8）和模型（4-9）可以检验假设 H5a、H5b、H5c，模型（4-10）至模型（4-16）则进一步检验了调节效应的作用机理。

第五节　本章小结

本章的实证设计是根据研究假设得出的，而研究假设有五个方面的内容，如表4-2所示。关于企业异质性对人力资本的影响，本书还分别从企业规模、股权性质、行业竞争强度三方面，分析了它们对企业绩效的调节效应。根据提出的研究假设，本章设计出相应的实证模型，并给出被解释变量、解释变量、中介变量与调节变量，以为后续研究奠定基础。

表 4-2　本书研究假设

人力资本对企业绩效影响的假设	人力资本存量对企业绩效影响的假设	H1a：在其他条件相同的情况下，高新技术企业的员工人力资本与企业绩效正相关
		H1b：在其他条件相同的情况下，高新技术企业的技术人力资本与企业绩效正相关
		H1c：在其他条件相同的情况下，高新技术企业的高管人力资本与企业绩效正相关
	人力资本流量对企业绩效影响的假设	H1d：在其他条件相同的情况下，高新技术企业的人力资本投资与企业绩效正相关
		H1e：在其他条件相同的情况下，当高新技术企业的人力资本流动表现为净流入时，其与企业绩效正相关
人力资本对技术创新影响的假设	人力资本存量对技术创新影响的假设	H2a：在其他条件相同的情况下，高新技术企业的人力资本存量与技术创新正相关
	人力资本流量对技术创新影响的假设	H2b：在其他条件相同的情况下，高新技术企业的人力资本投资与技术创新正相关，但具有一定的滞后性
		H2c：在其他条件相同的情况下，高新技术企业的人力资本流动与技术创新正相关，但具有一定的滞后性

表4-2(续)

技术创新对企业绩效影响的假设	技术创新对企业财务绩效影响的假设	H3a:技术创新与企业财务绩效正相关
	技术创新对企业市场绩效影响的假设	H3b:技术创新与企业市场绩效正相关
技术创新的中介作用假设	技术创新的中介作用假设	H4:无论是在人力资本存量层面,还是在人力资本流量层面,技术创新在人力资本影响企业绩效的过程中起着中介作用
企业异质性的调节作用假设	企业规模的调节作用假设	H5a:企业规模在人力资本存量与企业绩效的关系中具有正向调节作用
		H5b:企业规模在人力资本流量与企业绩效的关系中具有正向调节作用
	股权性质的调节作用假设	H5c:股权性质在人力资本存量与企业绩效的关系中具有调节作用,其调节效应与人力资本类型有关
		H5d:股权性质在人力资本流量与企业绩效的关系中具有调节作用

第五章　实证分析

第一节　人力资本与企业绩效关系的实证分析

本节选用 2015—2020 年在中国沪深两市上市的高新技术企业的面板数据，并利用模型（4-1）—模型（4-2）对假设 H1a—H1e 进行实证检验，分析人力资本存量和流量与企业绩效的关系，以为高新技术企业通过改善人力资本的存量和流量来提升企业绩效提供决策依据。

一、全样本回归分析

（一）描述性分析

通过资料搜集，本书得到 1 116 个有效的非平衡面板数据，样本的描述性统计结果如表 5-1 所示。根据表 5-1 中的最大值、最小值、均值与方差可知，不同高新技术企业的人力资本存量与流量存在较大差异。在人力资本存量上，员工人力资本是指大专以上学历的员工占比，技术人力资本是指技术人员的占比，二者的最小值与最大值相差较大，可能的原因是一些公司的成立时间较长，早年招聘的员工学历普遍较低且技术人员较少；还有一种可能是，数据库中上市公司的大专以上学历人员与技术人员数量是按集团为整体进行计算的，这使得相关数值偏低。值得注意的是，高新技术企业的技术人力资本，即技术人员占比均值为 24.694%，低于国家高新技术企业的认定标准 30%，可能的原因是母公司被认定为高新技术企业，技术人员占比达到要求，而子公司未被认定为高新技术企业，只是在上市时沿用了母公司的高新技术企业资质；或者公司得到高新技术认定后，因各种原因减少了技术人员的比例。因此，有关部门需要加强对高新技术企业认定后的事后监管。高新技术企业的流量也存在较大差异，尤其是人力资本流量的数值均大于零，说明流入高新技术企业的人力资本要多于流出的人力资本，其均值为 50.594%，最高达到 92.436%，而通常认为 10% 的流动率为正常值，由此可知高新技术企业比一般企业有着更高的人力资本流动率。人力资本投资用人均应付工资来表示，其最大值与最小值同样存在较大差距，最小值只有 1 038.445 元，而最大值为 623 824.5 元，均值为 21 036.91元。高新技术企业面临的市场风险较大，因此公司经营存在较大的差异，效益好的企业与效益差的企业差距较大，也是正常的。

表 5-1　全样本描述性统计结果

变量	数量	最小值	最大值	均值	标准偏差
TQ	1 116	0.123	164.004	5.419	7.861
ROA	1 116	4.659	−71.011	46.064	7.608
staff/%	1 116	5.037	100	49.168	23.871 5
tech/%	1 116	5.012	93.075	24.694	17.807
manage/元	1 116	62 227.27	2 198 463	395 564.1	259 799.6
invest/元	1 116	1 038.445	623 824.5	21 036.91	27 493.86
flow/%	1 116	10.01	92.436	50.594	15.493
size/亿元	1 116	3.68	1 820	65.30	134
debt/元	1 116	3.571	188.421	38.298	20.235
grow/%	1 116	−92.935	542.669	15.601	38.349

（二）相关性分析

表 5-2 为人力资本影响企业绩效的变量相关性分析，从表 5-2 可

知，高新技术企业的人力资本存量包括员工人力资本、技术人力资本与高管人力资本，其在5%的水平上与高新技术企业的市场绩效和财务绩效均显著呈正相关关系；高新技术企业的人力资本流量包括人力资本投资与人力资本流动，其在5%水平上与高新技术企业的市场绩效和财务绩效均显著呈正相关关系。员工人力资本与技术人力资本两者的相关系数为0.675，且在1%的水平上显著，说明两者密切相关。表5-2中其他变量间的相关系数大多小于0.4，在同一模型中，这些变量存在共线性的可能性较小。但要深入了解变量之间的关系，还需进行进一步验证。

表 5-2 主要变量的相关性分析

变量	TQ	ROA	staff	tech	manage	invest	flow	size	debt	grow
TQ	1									
ROA	0.035*	1								
staff	0.116**	0.214**	1							
tech	0.325**	0.321**	0.675***	1						
manage	0.098**	0.142**	0.036*	0.228	1					
invest	0.089**	0.125**	0.182*	0.521*	0.561**	1				
flow	0.07**	0.08**	−0.034	0.026	−0.012*	−0.05*	1			
size	0.041*	0.156*	0.125*	0.483*	0.498**	0.625*	0.521	1		
debt	−0.15*	−0.37	0.051*	0.049	0.118*	−0.092*	0.017*	0.34*	1	
grow	0.125*	0.312*	0.023	0.027*	0.335*	0.082*	0.148	−0.016	0.05*	1

注：* 表示在10%水平上显著相关，** 表示在5%水平上显著相关，*** 表示在1%水平上显著相关。

（三）模型估计结果

由于员工人力资本与技术人力资本密切相关，为避免多重共线性的影响，本书采用模型（4-1）与模型（4-2）分别表示员工人力资本和技术人力资本与企业财务绩效的关系。由于传统最小二乘法（OLS）回归可能存在内生性问题，以及不符合同方差的假定，因此，本书还采用动态GMM估计，以消除可能存在的内生性问题与异方差的影响。

本节对模型（4-1）与模型（4-2）进行分析，为了减少异方差的影响，本书对没有负数的变量都进行了对数化处理。本书选取的是非平衡面板数据，由于时间维度较短，因此无须进行单位根与协整检验，但要进行 Hausman 检验，以判断模型采用混合效应、随机效应，还是个体固定效应。首先，对模型进行 F 检验，以判断 F 模型应采用个体固定效应还是混合效应：如果所得误差概率大于 0.05，则接受原假设，模型采用混合效应，反之则进行 Hausman 检验；如果 Hausman 检验所得误差概率大于 0.05，则采用随机效应，否则应采用个体固定效应。

对模型采用个体固定效应、混合效应与随机效应进行判断的检验结果如表 5-3 所示。由表 5-3 可知，F 检验所对应的 P 值小于 0.05，拒绝原假设，因此，采用个体固定效应模型优于混合效应模型。Hausman 检验所对应的 P 值同样小于 0.05，则采用个体固定效应模型优于随机效应模型，因此，采用个体固定效应对模型进行拟合分析。

表 5-3　全样本模型的 F 检验与 Hausman 检验

模型	F 检验		Hausman 检验	
	F 统计量	P 值	χ^2 值	P 值
模型（4-1）（ROA）	18.695	0.000	42.236	0.000
模型（4-1）（TQ）	12.241	0.003	38.926	0.000
模型（4-2）（ROA）	15.623	0.000	45.169	0.000
模型（4-2）（TQ）	9.867	0.000	35.697	0.000

本书用 OLS 与 GMM 两种方法对模型（4-1）与模型（4-2）进行估计的结果如表 5-4 所示。由表 5-4 可知，两种方法下模型（4-1）与模型（4-2）的变量系数相差不大，说明模型不存在异方差和内生性问题。在以上估计方法中，由于 GMM 的估计结果更具有稳健性，本书主要对 GMM 估计的结果进行分析。

表 5-4 全样本人力资本与企业绩效关系的固定效应回归结果

变量	模型（4-1）				模型（4-2）			
	ROA		TQ		ROA		TQ	
	OLS	GMM	OLS	GMM	OLS	GMM	OLS	GMM
L.ROA		0.61*** （5.01）				0.65*** （5.03）		
L.TQ				0.07*** （4.21）				0.06*** （3.62）
staff	0.92** （2.95）	1.01** （2.46）	0.93 （0.21）	0.85 （0.34）				
tech					0.36*** （3.29）	0.39*** （3.20）	0.45** （2.78）	0.41** （3.01）
manage	0.95 （0.92）	0.99 （1.16）	2.01** （2.22）	2.34** （2.53）	0.91 （0.97）	0.94 （1.07）	0.96** （2.97）	0.93** （2.86）
invest	0.31 （0.59）	0.32 （0.28）	0.52** （2.34）	0.46** （2.24）	0.29 （0.54）	0.39 （0.36）	0.28** （2.59）	0.36** （3.01）
flow	0.29** （2.71）	0.30** （2.80）	0.28 （0.36）	0.29 （0.91）	0.15** （2.71）	0.22** （2.86）	−0.08 （−0.34）	−0.16 （−0.82）
size	0.12*** （3.32）	0.16*** （4.11）	3.05** （3.02）	3.87*** （4.34）	0.14** （2.25）	0.73** （2.54）	0.18** （2.58）	0.71** （2.91）
debt	−0.22*** （−9.85）	−0.23*** （−5.06）	0.09*** （9.94）	0.12*** （3.20）	−0.22*** （−9.86）	−0.23*** （−5.07）	0.09*** （4.11）	0.11*** （3.12）
grow	0.06*** （10.87）	0.06*** （6.82）	0.02*** （2.79）	0.03** （3.02）	0.06*** （10.58）	0.06*** （6.58）	0.02** （2.79）	0.02*** （2.95）
常数项	0.31 （0.12）	−28.15 （−0.95）	1.531 （0.12）	79.80** （5.60）	97.9*** （4.61）	−27.74 （−0.95）	81.39** （5.80）	96.50** （2.73）
个体	控制	控制	控制	控制	控制	控制	控制	控制
年度	控制	控制	控制	控制	控制	控制	控制	控制
样本量	1 116	638	1 116	638	1 116	638	1 116	638
调整 R^2	0.28		0.21		0.24		0.39	
AR（2）		0.15		0.11		0.12		0.15
Sargan χ		14.65		12.18		13.25		13.25
Sargan P 值		0.81		0.68		0.91		0.92

注：对于 OLS 估计，括号内为 t 值；对于 GMM 估计，括号内为 z 值；*、**、*** 分别表示在 1%、5%、10%水平上拒绝原假设。

对于人力资本存量而言，在模型（4-1）中，员工人力资本与高新技术企业财务绩效在5%的水平上显著正相关，但与市场绩效的相关性不显著；高管人力资本与财务绩效无显著相关性，而与市场绩效在5%的水平上显著正相关。在模型（4-2）中，技术人力资本与企业财务绩效、市场绩效分别在1%的水平上与5%的水平上显著正相关。在模型（4-2）中，高管人力资本与企业财务绩效、市场绩效的相关性与模型（4-1）相同，即与市场绩效显著正相关，而与财务绩效不相关。对于高新技术企业而言，技术是企业赖以生存的基础，技术人力资本对企业的技术发展具有重要影响，直接影响着企业的绩效，因此，不管是财务绩效还是市场绩效，技术人力资本都与其存在显著的正相关关系。如前文所述，员工人力资本对企业的财务绩效有着正向影响，而市场绩效更多地受到市场氛围、预期等市场环境因素的影响，其波动远远大于市场绩效，因此，员工人力资本对市场绩效的影响不显著。此外，由于高管人力资本能影响这些市场环境因素，因此其对市场绩效具有显著正向影响。这验证了本书的假设H2b，并部分验证了假设H1a和假设H1c。

对于人力资本流量而言，在模型（4-1）与模型（4-2）中，人力资本投资与高新技术企业的财务绩效之间无显著相关性，与市场绩效在5%的水平上显著正相关；人力资本流动与之相反，在两个模型中，与财务绩效显著正相关，而与市场绩效无显著相关性。可能的原因是，一方面，人力资本投资是企业一笔较大的重要支出，其实际效果具有一定的滞后性。员工参与的知识技能培训需要一定的时间才能消化，员工只有完全掌握相关知识，才能将其转化为现实生产能力，因此，员工的人力资本投资很难在短期内提升企业的财务绩效，而对企业绩效有着长期影响。另一方面，高新技术行业中人力资本投资的积累实践比传统行业所需时间更长，但对员工的人力资本投资能影响企业对市场的预期，因此其与市场绩效显著正相关。

本书选择的高新技术企业样本表现为人力资本流入大于流出，这意味着企业有新员工加入。员工数量增加意味着企业市场规模扩大，企业财务绩效有所提升。人力资本的流动尤其是某些关键岗位人才的加入，会在短期内影响公司的绩效，对财务绩效的影响更加突出。而一般的人力资本流动，很难对市场预期产生影响，因此人力资本流动与企业市场绩效无显著相关性。这也部分验证了本书的假设 H1d 和 H1e。对于控制变量，企业资产与高新技术企业财务绩效和市场绩效的相关性，在模型（4-1）中表现为在 1% 的水平上显著正相关，在模型（4-2）中表现为在 5% 的水平上也显著正相关。这说明对于高新技术企业来说，资产越多，规模越大，其绩效越好。在模型（4-1）与模型（4-2）中，资产负债率与财务绩效在 1% 的水平上显著负相关，与市场绩效在 5% 水平上显著正相关。这说明高新技术企业的负债增加，会负向影响企业财务绩效，但可能会对企业未来预期产生正向影响。在两个模型中，企业成长性与财务绩效、市场绩效的相关性均在 1% 水平上显著为正。这说明，无论是财务绩效还是市场绩效，高新技术企业的快速发展都对其有正向影响。

（四）稳健性分析

本书采用变量替换的方式，重新对模型（4-1）与模型（4-2）进行回归分析，以验证估计结果的稳健性。关勇军与洪开荣（2012）、王轶英（2018）采用 ROE 来度量企业财务绩效，其计算公式为：ROE = 净利润/期末总资产。关于企业的市场绩效，有些学者采用公司在下一个财年 4 月的最后一个交易日的股票收盘价来表示（关勇军，2012；Gong et al.，2016）。借鉴上述研究方法，本书用 ROE 与股价 P 替换原来的 ROA 与 Tobin Q，分别表示企业的财务绩效与市场绩效，重新对模型进行估计，结果如表 5-5 所示，各模型均适用固定效应模型。

由表 5-5 可知，员工人力资本与高新技术企业财务绩效的相关性显著为正，而与企业市场绩效的相关性不显著；技术人力资本与高新技术企业的财务绩效和市场绩效均显著正相关；高管人力资本与高新技术企业的财务绩效无显著相关性，与市场绩效显著正相关；人力资本投资与高新技术企业的财务绩效无显著相关性，与市场绩效显著正相关；人力资本流动与高新技术企业的财务绩效显著正相关，与市场绩效无显著相关性。

虽然回归结果的 R^2 有所下降，但仍在 0.1 与 0.3 之间，对于非平衡面板数据来说，结论仍具有说服力。同时，各控制变量与被控制变量之间关系的显著性与前文基本一致或相差不大，因此，上述研究结论是稳健的。

表 5-5　全样本人力资本与企业绩效关系的稳健性检验结果

变量	模型（4-1）				模型（4-2）			
	ROE		P		ROE		P	
	OLS	GMM	OLS	GMM	OLS	GMM	OLS	GMM
L.ROE		5.06*** (8.04)				0.47*** (7.52)		
L.P				0.71*** (10.10)				0.59*** (10.09)
staff	7.73** (2.58)	7.35** (2.49)	0.19 (0.17)	0.18 (1.17)				
tech					4.25*** (4.91)	7.72*** (5.51)	2.78** (3.98)	3.01** (4.38)
manage	2.23 (0.57)	3.36 (0.07)	0.23** (2.532)	0.31** (2.38)	4.82 (0.64)	2.72 (0.08)	0.36** (2.64)	0.35** (2.55)
invest	1.12 (0.24)	2.21 (0.24)	0.12** (2.41)	0.11** (2.61)	1.35 (0.50)	1.43 (0.89)	0.17** (2.43)	0.21** (3.01)
flow	7.52** (4.25)	5.28** (3.56)	0.12 (0.78)	0.14 (0.83)	2.54** (2.69)	3.25** (2.91)	−0.02 (−0.82)	−0.02 (−0.83)
size	2.01*** (5.25)	3.62*** (6.17)	0.22*** (4.49)	0.09*** (4.06)	10.68** (2.29)	13.51** (2.46)	0.22** (4.43)	0.01*** (3.971)
debt	−4.63** (−2.28)	−3.58** (−2.47)	−0.11*** (6.69)	−0.08** (2.34)	−4.47* (−1.96)	−1.21 (−0.23)	0.01*** (7.01)	0.01 (0.06)
grow	0.01*** (7.98)	0.08*** (8.06)	0.01*** (5.02)	0.03** (3.02)	0.11*** (8.12)	0.42*** (4.09)	0.01** (8.75)	0.02*** (4.13)

表5-5(续)

变量	模型 (4-1)				模型 (4-2)			
	ROE		P		ROE		P	
	OLS	GMM	OLS	GMM	OLS	GMM	OLS	GMM
常数项	−71.03 (0.46)	−54.31 (−1.77)	11.12*** (11.03)	6.57 (0.42)	−41.2 (−0.25)	−39.81 (−1.28)	10.70** (10.76)	5.94 (0.62)
个体	控制	控制	控制	控制	控制	控制	控制	控制
年度	控制	控制	控制	控制	控制	控制	控制	控制
样本量	1 116	638	1 116	638	1 116	638	1 116	638
调整 R^2	0.17		0.18		0.21		0.23	
AR (2)		0.22		0.11		0.11		0.09
Sargan χ		20.32		22.51		23.69		28.96
Sargan P 值		0.92		0.96		0.76		0.69

注:对于 OLS 估计,括号内为 t 值;对于 GMM 估计,括号内为 z 值;*、**、*** 分别表示在 1%、5%、10% 水平上拒绝原假设。

(五) 实证分析结果

通过对人力资本与企业绩效的相关性进行实证分析,得到如下结论:

第一,描述性分析结果显示,样本中高新技术企业的技术人力资本占比均值为 24.694%,低于国家高新技术企业的认定标准 30%。因此,有关部门需要加强对高新技术企业认定后的事后监管。样本中高新技术企业的人力资本流动为正,表明当前的人力资本主要是向高新技术企业流入,也意味着高新技术企业相对于传统企业而言,对人力资本有着更强的吸引力,这有利于企业发展。

第二,人力资本存量与高新技术企业不同类型绩效的相关性不同。员工人力资本与财务绩效显著正相关,与市场绩效的相关性不显著。技术人力资本与财务绩效与市场绩效均显著相关。高管人力资本与市场绩效显著相关,与财务绩效的相关性不显著。

第三，人力资本流量与高新技术企业不同类型绩效的相关性也不同。人力资本投资与财务绩效的相关性不显著，与市场绩效显著相关。人力资本流动与财务绩效显著相关，与市场绩效的相关性不显著。

二、基于制造业与非制造业的回归分析

罗佳（2015）、王轶英（2018）的研究表明，人力资本与企业绩效的关系对于不同的行业而言，具有异质性。根据 2016 年证监会对行业的分类，本书的 1 116 个样本中，属于制造业的样本有 822 个，非制造业的样本有 294 个。

（一）描述性与相关性分析

首先，对高新技术制造业企业的样本进行描述性统计与相关性分析，结果如表 5-6 所示。

表 5-6　高新技术制造业样本的描述性统计与相关性分析

变量	TQ	ROA	staff	tech	manage	invest	flow	size	debt	grow
均值	5.12	40.32	61.25	42.69	301 265	19 278	45.26	58.6	30.57	14.76
标准偏差	5.93	6.56	20.61	16.85	201 436	26 014	14.98	98.7	19.65	30.41
TQ	1									
ROA	0.05 *	1								
staff	0.32 ***	0.44 **	1							
tech	0.45 ***	0.52 **	0.68 ***	1						
manage	0.11 ***	0.13 **	0.03	0.19	1					
invest	0.06 **	0.11 **	0.21	0.56 *	0.62 **	1				
flow	0.05 **	0.09 **	−0.04	0.04	−0.009 *	−0.07 *	1			
size	0.06 *	0.18 **	0.21 **	0.15 *	0.51 *	0.52 *	0.46	1		
debt	−0.13 *	−0.25 *	0.07 *	0.06	0.09 *	−0.07	0.01 *	0.31 *	1	
grow	0.11 **	0.43 **	0.03	0.04 *	0.31 *	0.06 *	0.22	−0.03 *	−0.01 *	1

注：* 表示在 10% 水平上显著相关，** 表示在 5% 水平上显著相关，*** 表示在 1% 水平上显著相关。

由表 5-6 可知，高新技术制造业企业的员工人力资本、技术人力资本与企业财务绩效和市场绩效在 1% 和 5% 水平上显著正相关。高新技术制造业企业的人力资本投资和人力资本流动与企业市场绩效和财务绩效在 5% 水平上显著正相关。员工人力资本与技术人力资本在 1% 水平上显著正相关，且相关系数为 0.68，因此二者之间可能存在多重共线性。而其他变量之间的相关系数大都低于 0.4，变量间存在共线性的可能性较小。

其次，对高新技术非制造业企业的样本进行描述性统计与相关性分析，结果如表 5-7 所示。

表 5-7 高新技术非制造业样本的描述性统计与相关性分析

变量	TQ	ROA	staff	tech	manage	invest	flow	size	debt	grow
均值	6.35	51.29	38.75	19.62	429 785	23 365	56.87	74.1	42.96	18.59
标准偏差	8.71	8.01	58.64	20.78	272 011	24 532	18.23	148	25.73	41.97
TQ	1									
ROA	0.04*	1								
staff	0.09***	0.19**	1							
tech	0.12*	0.21*	0.57***	1						
manage	0.08***	0.16**	0.05	0.63	1					
invest	0.11**	0.16**	0.14	0.61*	0.48**	1				
flow	0.12**	0.05**	−0.02	0.03	−0.015*	−0.03*	1			
size	0.03*	0.11**	0.09**	0.15*	0.52**	0.73*	0.63	1		
debt	−0.18*	−0.42*	0.04	0.02	0.16*	0.03	0.02*	0.42*	1	
grow	0.17**	0.26**	0.02	0.01	0.44*	0.12*	0.09	−0.01*	0.02*	1

注：* 表示在 10% 水平上显著相关，** 表示在 5% 水平上显著相关，*** 表示在 1% 水平上显著相关。

由表 5-7 可知，高新技术非制造业企业的员工人力资本、技术人力资本与企业财务绩效和市场绩效在不同的水平上显著正相关。高新技术非制造业企业的人力资本投资和人力资本流动与企业市场绩效和财务绩效在 5% 水平上显著正相关。员工人力资本与技术人力资本在 1% 水平上显著正相关，且相关系数为 0.57，因此二者之间可能存在多重共线性。而其他变量的相关系数大都低于 0.4，变量间存在共线性的可能性较小。

（二）模型估计结果

对于高新技术制造业企业与非制造业企业，其员工人力资本与技术人力资本之间均存在显著的相关性，且相关系数较大。为避免多重共线性问题，本书分别用模型（4-1）与模型（4-2）对制造业企业与非制造业企业进行回归分析。通过 F 检验与 Hausman 检验对面板数据的效应进行分析，结果如表 5-8 与表 5-9 所示。F 检验与 Hausman 检验结果显示，对于高新技术制造业企业而言，其适用于面板个体固定效应模型；对于高新技术非制造业企业而言，其适用于面板随机效应模型。

表 5-8　高新技术制造业样本模型的 F 检验与 Hausman 检验

模型	F 检验		Hausman 检验	
	F 统计量	P 值	χ^2 值	P 值
模型（4-1）（ROA）	10.61	0.000	23.98	0.000
模型（4-1）（TQ）	9.75	0.006	19.37	0.000
模型（4-2）（ROA）	8.52	0.007	16.37	0.000
模型（4-2）（TQ）	8.12	0.023	15.65	0.000

表 5-9　高新技术非制造业样本模型的 F 检验与 Hausman 检验

模型	F 检验		Hausman 检验	
	F 统计量	P 值	χ^2 值	P 值
模型（4-1）（ROA）	7.78	0.000	7.62	0.24
模型（4-1）（TQ）	8.35	0.000	8.65	0.19
模型（4-2）（ROA）	9.74	0.000	10.37	0.11
模型（4-2）（TQ）	7.32	0.006	9.46	0.09

由于高新技术非制造业企业的样本数量较少，且属于非平衡面板数据，不太适合应用 GMM 估计方法。为了进行对比分析，本书研究采用面板数据的个体固定效应模型与随机效应模型进行估计。高新技术制造业企业与非制造业企业人力资本与企业绩效关系的个体固定效应和随机效应的回归结果分别如表 5-10 与表 5-11 所示。

表 5-10　制造业企业人力资本与企业绩效关系的个体固定效应回归结果

变量	模型（4-1）		模型（4-2）	
	ROA	TQ	ROA	TQ
staff	0.24 ** （2.56）	0.41 （0.81）		
tech			1.57 *** （6.36）	1.23 ** （4.69）
manage	1.12 （1.03）	3.27 ** （2.48）	0.53 （0.69）	0.67 ** （2.88）
invest	0.52 （1.13）	0.26 ** （2.69）	0.35 （0.67）	0.21 ** （2.93）
flow	0.86 *** （3.31）	0.45 （1.27）	0.22 ** （2.90）	0.03 （0.58）
size	0.17 *** （3.51）	4.13 *** （3.78）	0.19 ** （2.54）	0.23 ** （2.46）
debt	−0.11 *** （−7.74）	0.07 *** （6.75）	−0.14 *** （−7.73）	0.12 *** （5.03）
grow	0.05 *** （8.53）	0.01 ** （2.37）	0.09 *** （11.49）	0.07 ** （2.68）
常数项	1.62 （0.12）	3.65 （0.58）	95.32 *** （3.57）	75.47 ** （6.91）
个体	控制	控制	控制	控制
年度	控制	控制	控制	控制
样本量	822	822	822	822
调整 R^2	0.34	0.31	0.25	0.29

注：括号内为 t 值；*、**、*** 分别表示在 1%、5%、10% 水平上拒绝原假设。

由表 5-10 可知，高新技术制造业企业的员工人力资本与财务绩效在 5% 水平上显著正相关，而与市场绩效无显著正相关关系；技术人力资本与财务绩效和市场绩效均在 1% 水平上显著正相关；高管人力资本与财务绩效无显著正相关关系，而与市场绩效在 5% 水平上显著正相关。高新技术制造业企业的人力资本投资与市场绩效在 5% 水平上显著正相关，而与财务绩效无显著正相关关系；人力资本流动与财务绩效在 1% 水平上显著正相关，而与市场绩效无显著相关性。

高新技术制造业企业的人力资本存量和流量与企业财务绩效和市场绩效的关系，与全样本情况完全一致。可能的原因有两个：一方面，从计量方法来看，由于高新技术制造业企业的样本占总样本的三分之二，因此，其人力资本与企业绩效的关系与全样本表现一致。另一方面，这也是高新技术制造业自身特点决定的。高新技术企业的人才可分为三个层次，分别是高端研究人才、应用研究人才与生产操作的技能型人才。现阶段，我国的高新技术制造业企业主要是将高端技术成果进行应用推广，而这需要大量应用研究人才与生产操作的技能型人才。因此，技术人力资本对企业绩效有着重要的影响，表现为与企业绩效显著正相关。

表 5-11　非制造业企业人力资本与企业绩效关系的随机效应回归结果

变量	模型（4-1）		模型（4-2）	
	ROA	TQ	ROA	TQ
staff	0.12** (2.42)	0.24** (1.98)		
tech			0.28** (2.58)	0.45** (2.53)
manage	0.54** (2.51)	4.23** (2.75)	1.84** (2.86)	1.52** (3.63)
invest	0.22 (0.87)	1.08 (1.25)	0.14 (0.85)	0.11 (1.07)
flow	0.18** (2.45)	0.12** (2.67)	0.08** (2.89)	0.01** (2.95)

表5-11(续)

变量	模型（4-1）		模型（4-2）	
	ROA	TQ	ROA	TQ
size	0.08 (1.13)	1.26 (0.98)	0.11 (1.41)	0.09 (0.97)
debt	0.53 (0.76)	1.68 (0.73)	0.36 (0.97)	0.03 (0.52)
grow	0.09*** (9.52)	0.05*** (4.42)	0.02*** (5.67)	0.01*** (4.86)
常数项	0.28** (2.58)	0.84*** (3.36)	80.17 (0.52)	98.47** (2.91)
个体	控制	控制	控制	控制
年度	控制	控制	控制	控制
样本量	294	294	294	294
调整 R^2	0.19	0.11	0.15	0.10

注：括号内为 t 值；*、**、*** 分别表示在1%、5%、10%水平上拒绝原假设。

由表 5-11 可知，高新技术非制造业企业的员工人力资本、技术人力资本、高管人力资本分别与企业财务绩效和市场绩效在 5%水平上显著正相关，高新技术非制造业企业人力资本投资与企业财务绩效和市场绩效均无显著相关性。高新技术非制造业企业人力资本流动与财务绩效和市场绩效在 5%水平上显著正相关。高新技术非制造业企业需要中高端人才，这种人才的培养周期长，投入大，企业很难完全由自身来培养，且企业投入的培训费用可能为中低端人才支出，因此，高新技术非制造业企业的人力资本投资与企业绩效之间无显著相关性。

（三）稳健性分析

本节同样采用 ROE 与股价 P 替换原来的 ROA 与 Tobin Q，分别表示企业的财务绩效与市场绩效，重新对高新技术制造业与非制造业企业进行模型估计，结果如表 5-12 与表 5-13 所示。经检验，制造业样本适用个体固定效应模型，非制造业样本适用随机效应模型。

表 5-12　制造业企业人力资本与企业绩效关系的稳健性检验结果

变量	模型（4-1）		模型（4-2）	
	ROE	P	ROE	P
staff	5.15 ** (2.49)	0.28 (0.22)		
tech			4.23 *** (5.44)	0.78 ** (3.58)
manage	7.35 (0.91)	1.06 *** (3.57)	3.64 (1.08)	0.28 ** (2.57)
invest	3.18 (0.08)	0.11 ** (2.72)	5.14 (1.89)	0.09 *** (3.03)
flow	8.13 *** (4.56)	0.17 (0.16)	3.35 *** (3.89)	0.01 (1.26)
size	3.35 *** (5.26)	1.25 ** (2.47)	2.51 ** (2.78)	0.14 ** (2.59)
debt	−2.03 ** (−2.51)	0.01 ** (2.47)	−3.45 *** (−6.89)	0.11 *** (4.47)
grow	0.15 *** (4.09)	0.03 * (1.98)	0.11 *** (9.12)	0.02 ** (2.45)
常数项	23.56 *** (6.01)	10.96 (1.13)	26.26 ** (2.46)	32.25 ** (5.03)
个体	控制	控制	控制	控制
年度	控制	控制	控制	控制
样本量	822	822	822	822
调整 R^2	0.13	0.16	0.15	0.11

注：括号内为 t 值；$*$、$**$、$***$ 分别表示在 1%、5%、10% 水平上拒绝原假设。

表 5-13　非制造业企业人力资本与企业绩效关系的稳健性检验结果

变量	模型（4-1）		模型（4-2）	
	ROE	P	ROE	P
staff	4.33 ** (2.62)	0.13 ** (2.41)		
tech			5.39 ** (2.56)	0.24 ** (2.72)
manage	5.65 *** (3.36)	1.33 ** (2.66)	8.12 ** (2.52)	0.92 ** (4.31)
invest	7.03 (1.15)	0.09 (0.75)	6.65 (0.55)	0.05 (0.97)
flow	3.59 ** (2.52)	0.07 *** (3.28)	0.03 ** (2.49)	0.23 * (1.99)
size	4.27 (0.59)	0.18 (1.07)	3.15 (1.02)	0.13 (1.22)
debt	4.12 (1.23)	0.07 (1.13)	5.65 (1.07)	0.01 (1.21)
grow	0.02 *** (7.47)	0.01 *** (3.56)	0.04 *** (3.77)	0.11 *** (3.56)
常数项	36.17 ** (2.49)	12.58 ** (2.66)	49.28 (1.21)	50.55 ** (3.33)
个体	控制	控制	控制	控制
年度	控制	控制	控制	控制
样本量	294	294	294	294
调整 R^2	0.09	0.13	0.12	0.11

注：括号内为 t 值；*、**、*** 分别表示在 1%、5%、10% 水平上拒绝原假设。

由表 5-12 与表 5-13 的回归结果可知，除回归模型的 R^2 有所下降外，人力资本存量和人力资本流量与企业财务绩效和市场绩效之间的关系，与上述回归结果大体一致，即各控制变量与被控制变量之间关系的显著性与前文基本一致或相差不大，因此，本书的研究结论是稳健的。

（四）实证分析结果

将样本分为高新技术制造业企业与非制造业企业，并分别对人力资本与企业绩效的相关性进行实证分析，得到如下结论：

第一，高新技术制造业企业的人力资本与企业绩效的关系与全样本情况完全一致，即员工人力资本与财务绩效显著正相关，与市场绩效不相关；技术人力资本与企业财务绩效和市场绩效均显著相关；高管人力资本与财务绩效不相关，与市场绩效显著相关。

第二，高新技术非制造业企业的人力资本与企业绩效的关系不同于制造业企业。高新技术非制造业企业的员工人力资本、技术人力资本、高管人力资本与企业财务绩效和市场绩效均显著正相关。高新技术非制造业企业的人力资本投资与企业财务绩效和市场绩效均无显著相关性；人力资本流动与企业财务绩效和市场绩效均显著正相关。

第二节　技术创新在人力资本与企业绩效关系间的中介效应分析

上一节分析了人力资本与企业绩效之间的关系，本节将进一步分析技术创新在其中的中介作用，主要利用模型对假设进行实证检验。

一、描述性分析

技术创新变量分年度的描述性统计结果如表 5-14 所示。技术创新的代理变量是专利数量，专利有三类，分别是发明专利、实用新型专利和外观专利。本书通过 Wind 数据库获取上市公司的专利数据，由于实用新型专利数据和外观专利数据与发明专利数据的差距较大，因此，本书主要对发明专利数据与总专利数据进行描述性分析。由表 5-14 可知，总的来看，发明专利占总专利的一半左右，各年份中总专利与发明专利的最大值与最小值相差较大，且标准偏差比均值大，说明专利的离散程度较大，即高新技术企业的技术创新程度不均衡。总体上来看，高新技术企业的创新质量有待提升。

表 5-14　技术创新变量分年度描述性统计结果

变量	年份	样本量	最小值	最大值	均值	标准偏差
tpatent	2015	136	1	369	31.46	56.98
	2016	147	1	341	35.85	53.65
	2017	197	1	534	40.66	68.52
	2018	209	0	509	49.51	75.27
	2019	207	1	650	54.05	85.91
	2020	220	1	303	26.33	41.64
in patent	2015	136	0	168	12.32	22.78
	2016	147	0	192	13.78	22.42
	2017	197	0	125	15.65	22.37
	2018	209	0	239	21.57	32.71
	2019	207	1	304	21.72	36.62
	2020	220	0	298	16.16	31.53

二、人力资本与技术创新关系的回归分析

考虑到员工人力资本与技术人力资本之间存在显著相关性且相关系数较大，为避免多重共线性问题，本书分别用模型（4-3）与模型（4-4）对人力资本与技术创新的关系进行回归分析。根据理论分析，人力资本流量对技术创新的影响存在滞后性，因此，用当期、滞后一期和滞后两期的人力资本流量数据对上述模型分为三组进行分析。各组经 Hausman 检验，发现适用个体与年度固定效应模型，回归结果如表 5-15 与表 5-16 所示。

从表 5-15 的回归结果来看，无论是模型（4-3）还是模型（4-4），其员工人力资本、技术人力资本、高管人力资本均与技术创新存在显著

正相关关系，这验证了本书的假设 H2a，即人力资本存量与技术创新显著正相关。从数值上看，技术人力资本与技术创新的相关性要大于员工人力资本。对于人力资本流量而言，在两个模型中，无论是当期值、滞后一期值，还是滞后两期值，人力资本投资和人力资本流动都与技术创新显著正相关，且具有一定的滞后性。这也验证了本书的假设 H2b，即人力资本流量与技术创新之间存在正相关关系，且具有一定的滞后性。

表 5-15　人力资本与技术创新关系的固定效应回归结果（总专利）

变量	模型（4-3）			模型（4-4）		
staff	3.03 ** (2.75)	4.32 *** (3.02)	3.06 ** (2.59)			
tech				8.91 ** (2.57)	6.59 ** (2.43)	7.99 * (2.63)
manage	5.34 ** (2.65)	5.91 ** (2.64)	5.37 ** (2.85)	3.19 * (2.57)	4.92 ** (2.64)	4.81 ** (2.57)
invest	2.81 * (2.10)			3.04 * (2.28)		
$invest_{t-1}$		2.83 ** (2.51)			3.42 ** (2.62)	
$invest_{t-2}$			2.55 ** (2.33)			2.44 ** (2.77)
flow	0.15 * (2.27)			0.21 ** (3.08)		
$flow_{t-1}$		0.31 ** (2.50)			0.31 ** (2.49)	
$flow_{t-2}$			0.13 ** (2.85)			0.29 ** (2.50)
size	15.97 *** (4.17)	9.857 (1.83)	6.422 (0.84)	16.01 *** (4.16)	9.41 ** (2.75)	6.95 ** (2.91)
debt	−0.01 (−0.08)	−0.12 (−0.76)	−0.35 (−1.76)	−0.02 (−0.12)	−0.12 (−0.78)	0.35 ** (2.74)
grow	−0.03 (−0.98)	−0.03 (−0.71)	−0.02 (−0.53)	−0.03 (−1.01)	−0.02 (−0.74)	−0.03 (0.53)

表5-15(续)

变量	模型（4-3）			模型（4-4）		
常数项	−28.85** （−2.70）	−40.32 （−0.37）	32.33 （1.96）	−23.34** （−3.07）	−39.44 （−0.64）	28.87 （1.76）
个体	控制	控制	控制	控制	控制	控制
年度	控制	控制	控制	控制	控制	控制
样本量	1 116	854	656	1 116	854	656
调整 R^2	0.32	0.11	0.23	0.28	0.27	0.18

注：对于 OLS 估计，括号内为 t 值；*、**、*** 分别表示在 1%、5%、10%水平上拒绝原假设。

从滞后性来看，在模型（4-3）中，人力资本投资当期值的影响系数为 2.81，滞后一期值的影响系数为 2.83，滞后两期值的影响系数为 2.55；在模型（4-4）中，人力资本投资当期值的影响系数为 3.04，滞后一期值的影响系数为 3.42，滞后两期值的影响系数为 2.44。在模型（4-3）中，人力资本流动当期值的影响系数为 0.15，滞后一期值的影响系数为 0.31，滞后两期值的影响系数为 0.13；在模型（4-4）中，人力资本流动当期值的影响系数为 0.21，滞后一期值的影响系数为 0.31，滞后两期值的影响系数为 0.29。以上结果说明，在人力资本流量与技术创新的关系中，滞后一期值影响最大，主要原因可能是：一方面，人力资本流动会对技术创新的持续推进产生影响；另一方面，企业申请专利需要较长的审批过程，因此具有滞后效应。

表 5-16　人力资本与技术创新关系的固定效应回归结果（发明专利）

变量	模型（4-3）			模型（4-4）		
staff	3.74** （2.96）	4.34** （2.54）	4.86** （2.36）			
tech				10.92*** （2.94）	16.29*** （2.92）	11.89** （2.64）
manage	6.22** （2.48）	7.63** （2.62）	5.67** 20.45）	6.82** （2.39）	5.19*** （2.72）	5.04*** （2.95）

表5-16(续)

变量	模型（4-3）			模型（4-4）		
invest	4.08 ** (2.94)			5.38 ** (3.03)		
invest$_{t-1}$		5.23 ** (2.56)			7.17 ** (2.54)	
invest$_{t-2}$			3.17 ** (2.48)			6.72 ** (2.38)
flow	0.38 ** (2.83)			0.31 ** (2.24)		
flow$_{t-1}$		0.69 ** (2.45)			0.46 ** (2.49)	
flow$_{t-2}$			0.29 ** (2.31)			0.33 ** (2.84)
size	7.04 *** (4.26)	4.53 * (2.06)	1.68 (0.56)	6.92 *** (4.17)	4.20 (1.91)	1.15 (0.38)
debt	0.03 (0.50)	−0.06 (−1.01)	−0.19 * (−2.26)	−0.01 (−0.14)	−0.08 (−1.15)	−0.17 * (−2.13)
grow	−0.01 (−0.46)	−0.01 (−0.41)	−0.015 (−0.78)	−0.02 (−1.07)	−0.01 (−0.80)	−0.02 (−0.78)
常数项	−19.6 *** (−4.78)	−17.20 (−1.64)	−15.40 (−1.15)	−17.4 *** (−5.27)	−13.9 ** (−3.03)	−19.77 (−1.39)
个体	控制	控制	控制	控制	控制	控制
年度	控制	控制	控制	控制	控制	控制
样本量	1 116	854	656	1 116	854	656
调整 R^2	0.24	0.28	0.34	0.24	0.20	0.25

注：对于OLS估计，括号内为 t 值；*、**、*** 分别表示在1%、5%、10%水平上拒绝原假设。

从表5-16的回归结果来看，其表现出来的人力资本与技术创新的关系与表5-15的结果基本一样。但无论是人力资本存量还是人力资本流量，其影响系数均大于表5-15的结果。一方面是发明专利所代表的技术创新的难度更高，另一方面也说明技术创新的水平越高，人力资本与其相关性也越大。

三、技术创新与企业绩效关系的回归分析

首先，本节将利用模型（4-5）来分析技术创新对企业财务绩效与市场绩效的影响，以验证假设 H3a 和 H3b。其次，再结合模型（4-6）和模型（4-7），对中介效应假设 H4 进行检验。由于模型采用全样本回归分析，本节在此处同样采用 OLS 与 GMM 两种方法对模型进行回归（见表 5-17），以消除可能存在的内生性与异方差影响，且能对回归结果进行比较，以证明本书结论的稳健性。

表 5-17 技术创新与企业绩效关系的固定效应回归结果

变量	ROA				TQ			
	OLS	GMM	OLS	GMM	OLS	GMM	OLS	GMM
L.ROA		0.62*** (4.87)		0.63*** (4.86)				
L.TQ						0.05* (2.12)		0.06* (2.23)
tpatent	0.011** (2.55)	0.072** (2.72)			0.043** (2.69)	0.055** (2.80)		
in patent			0.043** (3.05)	0.097** (2.75)			0.067** (2.44)	0.085** (2.43)
size	0.41 (0.71)	1.218 (0.98)	0.43 (0.73)	1.293 (1.03)	-3.35*** (-5.42)	-5.01*** (-4.22)	-3.36*** (-5.39)	-4.96*** (-4.16)
debt	-0.21** (-2.51)	-0.23*** (-5.10)	-0.22*** (-9.92)	-0.27*** (-5.14)	0.09** (4.06)	0.13** (2.81)	0.09** (4.07)	0.13** (2.79)
grow	0.06** (10.83)	0.07*** (6.92)	0.06*** (10.82)	0.06*** (6.92)	0.02** (2.76)	0.04** (2.77)	0.01** (2.77)	0.02** (2.77)
常数项	2.991 (0.24)	-17.39 (-0.64)	2.660 (0.21)	-18.86 (-0.69)	15.14*** (5.65)	11.15*** (4.29)	15.23*** (5.62)	11.04*** (4.23)
个体	控制	控制	控制	控制	控制	控制	控制	控制
年度	控制	控制	控制	控制	控制	控制	控制	控制
样本量	1 116	638	1 116	638	1 116	638	1 116	638
调整 R^2	0.21		0.23		0.10		0.12	

表5-17(续)

变量	ROA				TQ			
	OLS	GMM	OLS	GMM	OLS	GMM	OLS	GMM
AR（2）		0.25		0.29		0.17		0.18
Sargan χ		31.11		31.07		29.75		27.84
Sargan P 值		0.85		0.91		0.91		0.95

注：对于 OLS 估计，括号内为 t 值；*、**、*** 分别表示在 1%、5%、10%水平上拒绝原假设。

从 5-17 表中可以发现，无论是总专利还是发明专利，技术创新与企业财务绩效和市场绩效均在 5%的水平上显著正相关。因此，本书的假设 H3a、H3b 得到验证，即技术创新与企业财务绩效正相关，技术创新与企业市场绩效正相关。从数值上看，无论是企业财务绩效还是市场绩效，发明专利的相关性系数都要大于总专利的相关性系数，同样说明了发明专利对企业绩效的影响要大于总专利对企业绩效的影响。对比 OLS 估计与 GMM 估计的回归结果，发现 GMM 估计的系数要大于 OLS 估计的系数，但总的来说，两者的系数与显著性差别不大，这也证明本书的结论具有稳健性。根据温忠麟、侯杰泰与张雷（2014）的中介效应分步回归法，对模型（4-1）—模型（4-5）进行回归，结果显示所有相关系数均显著，可以证明技术创新在人力资本与企业绩效的关系中存在中介效应。但要了解其为完全中介效应还是部分中介效应，还需要对模型（4-6）与模型（4-7）进行回归。因此，本书同样采用 OLS 与 GMM 两种方法对模型（4-6）和模型（4-7）进行回归，结果如表 5-18 与表 5-19 所示。

由表 5-18 可知，员工人力资本的系数均在 5%的水平上显著为正，其值均小于表 5-4 中相应的值，结合前文人力资本与技术创新、技术创新与企业绩效之间的相关系数均显著的结果，可以认为技术创新在员工人力资本与企业财务绩效的关系中存在部分中介效应：员工人力资本一方面直接影响企业财务绩效，另一方面通过技术创新对企业财务绩效产生影响。在表 5-18 中，技术人力资本的系数不显著，而在表 5-4

中，技术人力资本与企业绩效显著相关，结合中介效应检验的分步回归模型中的系数，可以认为技术创新在技术人力资本与企业财务绩效的关系中存在完全中介效应：技术人力资本通过技术创新对企业的财务绩效产生影响。由于在模型（4-1）中，高管人力资本与企业财务绩效无显著相关性，因而不存在技术创新的中介效应。同样，人力资本投资与企业财务绩效无显著相关性，也不存在技术创新的中介效应。在表5-18中，人力资本流动的系数在5%的水平上显著为正，其数值小于表5-4中相应的系数，结合中介效应检验的分步回归模型中的系数，可以认为技术创新在人力资本流动与企业财务绩效的关系中存在部分中介效应。

表 5-18　技术创新的中介效应回归结果（财务绩效）

变量	模型（4-6）				模型（4-7）			
	OLS	GMM	OLS	GMM	OLS	GMM	OLS	GMM
L.ROA		0.65 *** (5.02)		0.65 *** (5.01)		0.65 *** (5.02)		0.65 *** (5.02)
staff	0.62 ** (2.21)	0.65 ** (2.34)	0.64 ** (2.98)	0.66 ** (2.47)				
tech					0.26 (0.37)	0.23 (1.27)	0.25 (0.37)	0.21 (1.25)
manage	0.73 (0.91)	0.78 (0.68)	0.74 (0.93)	0.82 (0.98)	0.69 (0.87)	0.85 (1.20)	0.71 (0.88)	0.88 (1.23)
invest	0.22 (0.60)	0.23 (0.21)	0.11 (0.57)	0.13 (0.21)	0.19 (0.56)	0.22 (0.29)	0.18 (0.53)	0.21 (0.28)
flow	0.25 ** (2.71)	0.23 ** (2.80)	0.15 ** (2.71)	0.19 ** (2.77)	0.25 ** (2.71)	0.22 ** (2.85)	0.15 ** (2.71)	0.11 ** (2.82)
tpatent	0.087 ** (2.34)	0.086 ** (2.68)			0.081 ** (2.29)	0.086 ** (2.63)		
in patent			0.092 ** (2.37)	0.093 ** (2.65)			0.085 ** (2.47)	0.087 ** (2.55)
size	0.108 (0.16)	0.676 (0.48)	0.14 (0.21)	0.74 (0.53)	0.11 (0.16)	0.65 (0.46)	0.13 (0.20)	0.73 (0.50)
debt	-0.22 *** (-9.85)	-0.23 *** (-5.03)	-0.22 *** (-9.85)	-0.23 *** (-5.07)	-0.22 *** (-9.86)	-0.23 *** (-5.05)	-0.22 *** (-9.86)	-0.23 *** (-5.08)

表5-18(续)

变量	模型（4-6）				模型（4-7）			
	OLS	GMM	OLS	GMM	OLS	GMM	OLS	GMM
grow	0.06*** (10.60)	0.06*** (6.57)	0.05*** (10.59)	0.06*** (6.57)	0.05*** (10.58)	0.07*** (6.56)	0.05*** (10.57)	0.06*** (6.56)
常数项	0.47 (0.04)	−27.22 (−0.92)	−0.054 (−0.00)	−28.90 (−0.97)	−1.56 (−0.12)	−27.07 (−0.93)	−2.05 (−0.15)	−28.74 (−0.98)
个体	控制	控制	控制	控制	控制	控制	控制	控制
年度	控制	控制	控制	控制	控制	控制	控制	控制
样本量	1 116	638	1 116	638	1 116	638	1 116	638
调整 R^2	0.21		0.21		0.22		0.20	
AR（2）		0.25		0.16		0.17		0.23
Sargan χ		41.13		42.06		33.57		38.29
Sargan P 值		0.86		0.92		0.93		0.91

注：对于 OLS 估计，括号内为 t 值；对于 GMM 估计，括号内为 z 值；*、**、*** 分别表示在 1%、5%、10% 水平上拒绝原假设。

表 5-19 技术创新的中介效应回归结果（市场绩效）

变量	模型（4-6）				模型（4-7）			
	OLS	GMM	OLS	GMM	OLS	GMM	OLS	GMM
L.TQ		0.07 (1.23)		0.06 (1.20)		0.06 (1.11)		0.06 (1.09)
staff	0.47** (2.46)	0.47** (2.46)	0.50** (2.48)	0.33** (3.01)				
tech					0.26* (2.22)	0.23** (2.21)	0.25** (2.52)	0.24* (2.11)
manage	1.54* (2.02)	1.66** (2.80)	1.55* (2.19)	1.69** (2.75)	0.68** (3.00)	0.69** (2.79)	0.67** (2.97)	0.81** (2.74)
invest	0.23** (2.40)	0.27** (2.35)	0.21** (2.36)	0.21** (2.48)	0.21** (2.36)	0.26** (2.44)	0.18** (2.32)	0.22** (2.47)
flow	0.09 (0.36)	0.29 (0.92)	0.08 (0.36)	0.31 (0.93)	0.07 (0.33)	0.27 (0.83)	0.07 (0.33)	0.27 (0.84)
tpatent	0.094** (2.70)	0.098* (2.04)			0.093** (2.74)	0.088* (2.01)		

表5-19（续）

变量	模型（4-6）				模型（4-7）			
	OLS	GMM	OLS	GMM	OLS	GMM	OLS	GMM
in patent			0.042** (2.34)	0.041** (2.50)			0.041** (2.37)	0.043** (2.46)
size	2.98*** (4.20)	3.81** (2.97)	3.03*** (4.24)	3.86** (2.96)	2.97*** (4.16)	3.80** (2.96)	3.01*** (4.21)	3.79** (2.94)
debt	0.09*** (4.11)	0.12** (3.20)	0.09*** (4.11)	0.11** (3.18)	0.09*** (4.10)	0.12** (3.12)	0.09*** (4.10)	0.11** (3.09)
grow	0.02** (2.76)	0.02** (3.00)	0.01** (2.77)	0.02** (3.00)	0.016** (2.76)	0.02** (2.93)	0.01** (2.77)	0.02** (2.93)
常数项	27.88*** (5.51)	28.51*** (4.64)	19.01*** (5.47)	26.62*** (4.56)	38.32*** (5.70)	28.9*** (4.75)	40.46*** (5.65)	27.3*** (4.67)
个体	控制	控制	控制	控制	控制	控制	控制	控制
年度	控制	控制	控制	控制	控制	控制	控制	控制
样本量	1 116	638	1 116	638	1 116	638	1 116	638
调整 R^2	0.32		0.38		0.21		0.23	
AR（2）		0.41		0.37		0.47		0.43
Sargan X		29.62		32.18		30.45		32.68
Sargan P 值		0.78		0.89		0.87		0.95

注：对于 OLS 估计，括号内为 t 值；对于 GMM 估计，括号内为 z 值；*、**、*** 分别表示在 1%、5%、10% 水平上拒绝原假设。

员工人力资本与企业市场绩效之间无显著相关性，因此认为技术创新在员工人力资本与企业市场绩效的关系中不存在中介效应。在表5-19中，技术人力资本的系数显著为正，且小于表5-4中相应的值，结合前文人力资本与技术创新、技术创新与企业绩效之间的回归结果，可以认为技术创新在技术人力资本与企业市场绩效的关系中存在部分中介效应。在表5-19中，高管人力资本的系数显著为正，而高管人力资本在模型（4-1）与模型（4-2）中与企业市场绩效均显著正相关，其在表5-19中的值又小于表5-4中的值，可以认为技术创新在高管人力资本与市场绩效的关系中存在部分中介效应。在表5-19中，人力资本投资的系数在5%的水平上显著为正，其数值小于表5-4中的数值，结合中介效应检验的分步回归模型中的系数，可以认为技术创新在人力资本投资与企业市场绩效的关系中存在部分中介效应。由于在模型（4-1）中，人力资本流动与企业市场绩效无显著相关性，因而不存在技术创新的中介效应。

四、稳健性分析

与前文相同，本节同样采用 ROE 与股价 P 替换原来的 ROA 与 Tobin Q，分别表示企业的财务绩效与市场绩效，重新对技术创新与企业绩效的关系以及技术创新的中介效应进行回归（见表 5-20、表 5-21、表 5-22）。经 Hausman 检验，各模型均适用个体固定效应。

表 5-20　技术创新与企业绩效的固定效应稳健性检验结果

变量	ROE				P			
	OLS	GMM	OLS	GMM	OLS	GMM	OLS	GMM
L.ROE		0.51 *** (8.17)		0.53 *** (8.02)				
L.P						0.01 (0.12)		0.03 (1.14)
tpatent	0.16 * (2.23)	0.29 * (2.31)			0.01 ** (2.97)	0.03 ** (2.76)		
in patent			0.42 * (2.25)	0.09 * (2.04)			0.31 ** (2.51)	0.07 ** (2.78)
size	28.56 (0.93)	25.7 * (1.99)	29.65 (0.94)	22.0 * (1.99)	-5.31 *** (-3.69)	4.91 ** (2.93)	-5.52 *** (-3.80)	5.11 ** (3.03)
debt	-4.12 (-1.50)	0.91 (0.21)	-4.12 (-1.49)	0.76 (0.17)	-0.16 ** (-2.98)	0.04 (0.73)	-0.16 ** (-2.95)	0.04 (0.78)
grow	-0.03 (-0.04)	-0.80 (-0.87)	-0.03 (-0.05)	-0.79 (-0.86)	0.07 *** (5.21)	0.04 *** (3.65)	0.07 *** (5.25)	0.04 *** (3.63)
常数项	-13.55 (-0.86)	-17.55 * (-2.03)	-13.74 (-0.87)	-15.89 * (-2.03)	14.13 *** (4.57)	-19.81 ** (-2.63)	14.52 *** (4.66)	-10.32 ** (-2.76)
个体	控制	控制	控制	控制	控制	控制	控制	控制
年度	控制	控制	控制	控制	控制	控制	控制	控制

表5-20(续)

变量	ROE				P			
	OLS	GMM	OLS	GMM	OLS	GMM	OLS	GMM
样本量	1 116	638	1 116	638	1 116	638	1 116	638
调整 R^2	0.30		0.33		0.16		0.12	
AR（2）		0.25		0.31		0.24		0.19
Sargan X		29.21		41.32		30.12		32.65
Sargan P 值		0.91		0.77		0.81		0.88

注：对于 OLS 估计，括号内为 t 值；$*$、$**$、$***$ 分别表示在 1%、5%、10% 水平上拒绝原假设。

表 5-20 为技术创新与企业绩效的固定效应稳健性检验结果，可以看出，无论是以全部专利为代表的技术创新，还是以发明专利为代表的技术创新，均与以 ROE 为代表的高新技术企业财务绩效和以股价 P 为代表的高新技术企业市场绩效之间存在显著的相关性，这证明本书中关于技术创新与高新技术企业绩效的相关性的研究结论具有稳健性。

表 5-21　技术创新的中介效应稳健性检验结果（财务绩效）

变量	模型（4-6）				模型（4-7）			
	OLS	GMM	OLS	GMM	OLS	GMM	OLS	GMM
L.ROE		0.52*** (8.19)		0.56*** (8.04)		0.45*** (7.65)		0.49*** (7.50)
staff	7.17** (2.59)	7.06* (2.04)	6.26** (2.59)	6.16* (2.03)				
tech					3.27 (0.91)	6.75 (1.47)	4.81 (0.91)	5.87 (0.51)
manage	5.89 (0.57)	6.87 (0.06)	6.40 (0.55)	5.89 (0.07)	4.37 (0.64)	3.81 (0.09)	3.96 (0.63)	6.91 (0.07)
invest	4.43 (0.21)	5.29 (0.23)	5.07 (0.22)	5.64 (0.23)	3.19 (0.47)	7.73 (0.89)	3.09 (0.49)	7.26 (0.90)
flow	7.45*** (3.27)	6.11* (2.19)	2.47*** (3.27)	3.08** (2.38)	7.39* (2.10)	3 649** (2.81)	2.48* (2.09)	2.45** (2.79)
tpatent	0.18* (2.25)	0.23* (2.24)			0.27** (2.34)	0.11* (2.12)		

表5-21(续)

变量	模型（4-6）				模型（4-7）			
	OLS	GMM	OLS	GMM	OLS	GMM	OLS	GMM
in patent			0.39 * (2.23)	0.18 * (2.07)			0.16 * (2.10)	0.37 *** (3.16)
size	4.96 ** (2.59)	4.15 ** (2.68)	4.78 *** (3.06)	4.18 (1.69)	9.82 * (2.32)	9.27 ** (2.61)	8.01 * (2.29)	8.85 (1.61)
debt	−4.06 (−1.43)	0.45 (0.10)	−4.06 (−1.43)	0.32 (0.07)	−4.481 (−1.60)	−0.850 (−0.19)	−4.479 (−1.60)	−0.969 (−0.22)
grow	0.02 (0.02)	0.58 ** (2.62)	0.01 −0.02)	0.57 ** (2.61)	0.12 (0.17)	0.65 ** (2.72)	0.11 (0.17)	0.65 ** (2.71)
常数项	−8.92 (−0.48)	−5.78 (−1.76)	−4.48 (−0.49)	−5.32 (−1.77)	−7.01 (−0.29)	−7.44 (−1.27)	−4.13 (−0.26)	−7.37 (−1.25)
个体	控制	控制	控制	控制	控制	控制	控制	控制
年度	控制	控制	控制	控制	控制	控制	控制	控制
样本量	1 116	638	1 116	638	1 116	638	1 116	638
调整 R^2	0.41		0.39		0.31		0.33	
AR（2）		0.45		0.49		0.42		0.45
Sargan χ		21.98		26.41		32.51		32.37
Sargan P 值		0.77		0.83		0.74		0.68

注：对于 OLS 估计，括号内为 t 值；对于 GMM 估计，括号内为 z 值；* 、** 、*** 分别表示在 1%、5%、10%水平上拒绝原假设。

表 5-22 技术创新的中介效应稳健性检验结果（市场绩效）

变量	模型（4-6）				模型（4-7）			
	OLS	GMM	OLS	GMM	OLS	GMM	OLS	GMM
L.P		0.60 *** (10.10)		0.62 *** (10.15)		0.59 *** (10.10)		0.53 *** (10.15)
staff	0.21 (0.74)	0.13 (0.11)	0.19 (0.71)	0.15 (0.13)				
tech					4.05 ** (2.52)	4.08 ** (2.39)	2.07 ** (2.51)	2.18 ** (2.46)
manage	0.15 * (2.51)	0.11 ** (2.45)	0.15 * (2.49)	0.09 (1.39)	0.16 ** (2.63)	0.18 (1.56)	0.11 ** (2.62)	0.13 (1.49)

表5-22(续)

变量	模型（4-6）				模型（4-7）			
	OLS	GMM	OLS	GMM	OLS	GMM	OLS	GMM
invest	0.05** (2.60)	0.16* (2.10)	0.04** (2.34)	0.11* (2.19)	0.06** (2.48)	0.15* (2.08)	0.05 (1.43)	0.19* (2.17)
flow	0.01 (0.78)	0.01 (0.83)	0.02 (0.78)	0.01 (0.81)	0.01 (0.84)	0.03 (0.82)	0.07 (0.83)	0.06 (0.80)
tpatent	0.021** (2.77)	0.023** (2.97)			0.022** (2.63)	0.024** (2.86)		
in patent			0.031** (2.87)	0.042** (2.79)			0.052** (2.90)	0.062** (2.59)
size	0.29*** (4.34)	0.004 (0.06)	0.22*** (4.40)	0.003 (0.06)	0.21*** (4.29)	0.005 (0.09)	0.22*** (4.37)	0.006 (0.09)
debt	−0.08*** (−6.96)	−0.07 (−0.61)	−0.02*** (−6.96)	−0.05 (−0.61)	−0.01*** (−7.01)	−0.02 (−0.67)	−0.01*** (−7.01)	−0.01 (−0.67)
grow	0.003*** (8.82)	0.001*** (4.04)	0.003*** (8.83)	0.001*** (4.03)	0.003*** (8.72)	0.001*** (4.10)	0.001*** (8.74)	0.007*** (4.09)
常数项	11.05** (2.91)	0.64 (0.42)	11.07** (2.84)	0.56 (0.35)	10.63** (2.64)	0.92 (0.61)	10.68** (2.57)	0.80 (0.53)
个体	控制	控制	控制	控制	控制	控制	控制	控制
年度	控制	控制	控制	控制	控制	控制	控制	控制
样本量	1 116	638	1 116	638	1 116	638	1 116	638
调整 R^2	0.24		0.22		0.25		0.27	
AR（2）		0.36		0.41		0.52		0.63
Sargan χ		21.39		25.67		25.98		20.69
Sargan P 值		0.65		0.57		0.59		0.49

注：对于 OLS 估计，括号内为 t 值；对于 GMM 估计，括号内为 z 值；*、**、*** 分别表示在 1%、5%、10%水平上拒绝原假设。

表 5-21 和表 5-22 与之前的表 5-5、表 5-15、表 5-16 及表 5-20 共同构成了中介效应分步回归模型，结果显示，技术创新在人力资本与企业绩效的关系中存在中介效应，且技术创新在不同的人力资本存量与流量中所起的中介作用差异与前文相同，这证明了本书结论具有稳健性。

五、实证分析结果

通过对人力资本与技术创新的相关性进行实证分析，得到如下结论：

第一，员工人力资本、技术人力资本及高管人力资本均与技术创新显著正相关，其中技术人力资本与技术创新的相关性要大于员工人力资本。

第二，人力资本投资和人力资本流动都与技术创新显著正相关，且具有一定的滞后性，其中滞后一期影响最大。

第三，技术创新的难度越大，水平越高，人力资本存量和流量与其的相关性越高。

通过对技术创新与企业绩效的相关性进行实证分析，得到如下结论：

第一，技术创新与企业财务绩效和市场绩效均显著正相关。

第二，技术创新的难度越大，水平越高，其与企业绩效的相关性越高。

第三，技术创新在员工人力资本与企业财务绩效的关系中存在部分中介效应；技术创新在技术人力资本与企业财务绩效的关系中存在完全中介效应；技术创新在人力资本流动与企业财务绩效的关系中存在部分中介效应。

第四，在技术人力资本和高管人力资本与高新技术企业市场绩效的关系中，技术创新起着部分中介作用。在人力资本投资与高新技术企业财务绩效的关系中，技术创新也起着部分中介作用。

第三节　企业异质性在人力资本与企业绩效关系间的调节效应分析

上述实证分析已经证明了高新技术企业的人力资本存量与流量会对企业的技术创新产生影响，进而对企业绩效产生不同的影响。然而这种影响可能因企业异质性而产生差异。企业的异质性有多个方面，它不仅包括企业的规模，而且包括企业的治理结构、行业性质等内外多个维度的特征差异。这些差异可能从不同的角度影响企业的财务绩效与市场绩效。本书结合模型（4-8）—模型（4-16）对假设 H5a—H5d 进行实证检验，通过系统分析企业异质性在人力资本与企业绩效关系间的调节作用，以便深入了解高新技术企业的人力资本对企业绩效的影响机理，并拓展该问题的研究空间，为有效提出有针对性的建议提供理论基础。

一、描述性分析

首先，将总样本以企业规模的中位数为界限，分为高低两组，并对两组的核心解释变量进行均值 T 检验，结果如表 5-23 所示。

表 5-23　按企业规模分组的核心变量的组间差异检验

企业规模分组		样本量	均值	标准偏差	T 值	p 值
staff	低组	558	47.93	23.76	-1.74	0.083
	高组	558	50.41	23.94		
tech	低组	558	22.62	15.85	-3.91	0.000
	高组	558	26.77	19.36		
manage	低组	558	315 058	569 571	-10.884	0.000
	高组	558	476 070	312 236		

表5-23(续)

企业规模分组		样本量	均值	标准偏差	T 值	p 值
invest	低组	558	19 660.6	19 806.2	−1.674	0.091
	高组	558	22 413.2	33 423.1		
flow	低组	558	16.29	15.62	−0.687	0.492
	高组	558	16.93	15.37		
tpatent	低组	558	21.12	29.27	−9.969	0.000
	高组	558	59.33	85.65		
in patent	低组	558	9.11	12.12	−9.706	0.000
	高组	558	25.56	38.17		
ROA	低组	558	3.91	7.28	−3.31	0.001
	高组	558	5.41	7.85		
TQ	低组	558	4.95	7.11	−0.93	0.048
	高组	558	5.89	8.53		

由表 5-23 可知，大企业的财务绩效与市场绩效均显著高于小企业，大企业的人力资本存量也显著高于小企业。大企业的人力资本投资在 10% 的水平上显著高于小企业，而人力资本流动与小企业没有显著差异。在技术创新上，无论是以专利总数为代表的技术创新指标，还是以发明专利数量为代表的技术创新指标，大企业均显著高于小企业，这与相关研究（王轶英，2018）的结论不一致。可能的原因是，本书严格剔除了指针数据缺失且不能补齐的企业样本，而王轶英（2018）的非平衡面板将无数据样本予以保留，这种差异导致结论不一致。大企业在申请专利方面比小企业具有更多的优势，其成功的概率也更高。如果用专利代表企业的技术创新，则大企业比小企业的技术创新更多，也是理所当然的。以上结论与表 5-2 的相关性分析具有一致性。不同规模的高新技术企业财务绩效与市场绩效均存在显著差异，大企业的财务绩效与市场绩效均显著好于小企业，这也说明技术创新水平高更有利于提升企业的绩效。

其次，将所有样本按照所有权分为国有企业与非国有企业两组，对核心解释变量进行均值 T 检验的结果如表 5-24 所示。

表 5-24　按所有权性质分组的核心变量的组间差异检验

所有权性质分组		样本量	均值	标准偏差	T 值	p 值
staff	国有	254	48.54	21.59	-1.61	0.101
	非国有	862	51.29	24.48		
tech	国有	254	41.78	15.77	3.95	0.000
	非国有	862	33.05	18.37		
manage	国有	254	494 491.4	390 992.9	7.05	0.000
	非国有	862	366 413.8	196 845.2		
invest	国有	254	25 638.33	22 112.07	4.45	0.000
	非国有	862	20 565.03	40 793.43		
flow	国有	254	14.55	15.91	-2.41	0.016
	非国有	862	17.21	15.33		
tpatent	国有	254	56.59	88.45	4.49	0.000
	非国有	862	35.39	58.07		
in patent	国有	254	24.61	36.04	4.52	0.000
	非国有	862	15.19	26.91		
ROA	国有	254	3.68	5.35	-2.35	0.019
	非国有	862	4.95	8.14		
TQ	国有	254	5.01	5.23	-3.21	0.001
	非国有	862	6.82	13.29		

由表 5-24 可知，国有企业的员工人力资本与非国有企业无显著差异；国有企业的技术人力资本和高管人力资本显著大于非国有企业；国有企业的人力资本投资显著大于非国有企业，而人力资本流动则显著小于非国有企业。在技术创新上，无论是以总专利总数为代表的技术创新指标，还是以发明专利数量为代表的技术创新指标，国有企业均显著大于非国有企业。国有企业的财务绩效与市场绩效显著大于非国有企业，

这说明技术创新作为中介变量，将技术人力资本与高管人力资本转化成了企业绩效，也验证了前文的结论。

二、企业规模在人力资本与企业绩效关系间的调节效应分析

为验证本书的假设 H5a，对模型（4-8）和模型（4-9）进行回归，结果如表 5-25 所示。在模型（4-8）中，员工人力资本与企业财务绩效显著正相关，同时员工人力资本与企业规模的交互项在 5% 的水平上与企业财务绩效显著正相关；高管人力资本及其与企业规模的交互项与企业财务绩效均无显著相关性。在模型（4-9）中，员工人力资本及其与企业规模的交互项与企业市场绩效均无显著相关性，而高管人力资本及其与企业规模的交互项均在 10% 的水平上与企业市场绩效显著相关；技术人力资本及其与企业规模的交互项与企业绩效显著正相关。以上结果表明，企业规模在人力资本存量与企业绩效的关系中存在调节效应，会增强人力资本存量对企业绩效的影响。

表 5-25　企业规模对人力资本存量与企业绩效关系的直接调节效应

变量	ROA		TQ	
	模型（4-8）	模型（4-9）	模型（4-8）	模型（4-9）
staff	1.78 ** (2.46)		1.77 (0.82)	
tech		7.96 ** (2.64)		11.71 * (2.12)
manage	3.26 (0.28)	2.64 (0.23)	7.95 *** (4.75)	9.96 *** (4.88)
size×staff	0.86 ** (2.40)		0.49 (0.76)	
size×tech		0.35 ** (2.62)		0.69 * (2.15)
size×manage	0.18 (0.35)	0.15 (0.29)	2.57 *** (4.68)	2.66 *** (4.82)

表5-25(续)

变量	ROA		TQ	
	模型（4-8）	模型（4-9）	模型（4-8）	模型（4-9）
size	5.21** （2.75）	2.74** （2.42）	3.61*** （4.53）	4.60*** （3.97）
debt	−0.21*** （−9.99）	−0.21*** （−9.96）	0.09*** （4.30）	0.09*** （4.32）
grow	0.06*** （10.89）	0.05*** （10.82）	0.02** （3.18）	0.01** （3.22）
常数项	12.4 （0.78）	6.41 （0.44）	75.17*** （4.60）	77.23*** （5.05）
个体	控制	控制	控制	控制
年度	控制	控制	控制	控制
样本量	1 116	1 116	1 116	1 116
调整 R^2	0.22	0.21	0.12	0.11

注：括号内为 t 值；*、**、*** 分别表示在1%、5%、10%水平上拒绝原假设。

为验证本书的假设 H5b，对模型（4-10）进行回归，结果如表 5-26 所示。由表 5-26 可知，人力资本投资及其与企业规模的交互项与企业财务绩效无显著相关性，而与企业市场绩效在 5% 的水平上显著正相关。人力资本流动及其与企业规模的交互项与企业绩效均无显著相关性。这表明企业规模在人力资本流量对企业绩效产生影响的过程中具有调节效用，主要是在人力资本投资与企业市场绩效的关系中具有调节效应。

表 5-26　企业规模对人力资本流量与企业绩效关系的直接调节效应

变量	模型（4-10）	
	ROA	TQ
invest	2.31 （1.37）	4.34** （2.77）
flow	4.43 （1.00）	5.62 （1.29）

表5-26(续)

变量	模型（4-10）	
	ROA	TQ
size×invest	0.45 （1.32）	0.63** （2.74）
size×flow	0.191 （0.99）	0.486 （0.31）
size	5.17** （2.52）	8.43* （2.30）
debt	−0.22*** （−9.96）	0.10*** （4.17）
grow	0.05*** （10.52）	0.01** （2.98）
常数项	−15.3 （−1.41）	18.9* （2.36）
个体	控制	控制
年度	控制	控制
样本量	1 116	1 116
调整 R^2	0.28	0.09

注：括号内为 t 值；*、**、*** 分别表示在 1%、5%、10% 水平上拒绝原假设。

在人力资本存量及人力资本流量与企业绩效的关系中，企业规模具有调节效应，这种效应还可以表现为企业规模对人力资本存量及流量与中介变量技术创新的关系的调节，进而影响企业绩效。表 5-27 为对模型（4-11）与模型（4-12）进行回归得到的企业规模对人力资本存量与技术创新关系的调节效应的回归结果。由表 5-27 可知，员工人力资本与企业规模的交互项、高管人力资本与企业规模的交互项均与技术创新无显著相关性，而技术人力资本及其与企业规模的交互项与技术创新存在显著的相关性。这表明企业规模仅在技术人力资本与技术创新的关系中具有调节效应。可能的原因是，推动企业技术创新的主要因素是技术人力资本，而企业的规模越大，技术人力资本越多，因而具有调节效应。

表 5-27　企业规模对人力资本存量与技术创新关系的调节效应

变量	tpatent		in patent	
	模型（4-11）	模型（4-12）	模型（4-11）	模型（4-12）
staff	7.91 ** （2.75）		9.89 ** （2.76）	
tech		2.27 *** （3.13）		4.58 ** （2.58）
manage	7.68 （0.83）	7.08 （0.08）	11.39 （1.43）	13.95 （1.85）
size×staff	6.85 （0.91）		2.95 （1.21）	
size×tech		10.55 ** （3.18）		2.24 ** （2.57）
size×manage	2.51 （0.83）	0.17 （0.06）	2.07 （1.60）	2.647 （1.01）
size	19.48 （1.70）	15.57 （1.19）	19.28 （0.53）	20.79 （1.26）
debt	−0.07 （−0.62）	−0.08 （−0.68）	−0.02 （−0.46）	−0.03 （−0.55）
grow	−0.04 （−1.25）	−0.03 （−1.19）	−0.01 （−1.07）	−0.01 （−1.01）
常数项	−94.81 （−1.60）	−95.79 （−1.13）	87.54 （0.48）	98.78 （1.15）
个体	控制	控制	控制	控制
年度	控制	控制	控制	控制
样本量	1 116	1 116	1 116	1 116
调整 R^2	0.27	0.29	0.10	0.12

注：括号内为 t 值；*、**、*** 分别表示在 1%、5%、10% 水平上拒绝原假设。

表 5-28 为对模型（4-13）进行回归得到的企业规模对人力资本流量与技术创新关系的调节效应的回归结果。由表 5-28 可知，人力资本投资及其与企业规模的交互项均与技术创新显著正相关，而人力资本流动与企业规模的交互项与技术创新无显著相关性。由上述描述性分析可

知，大企业的人力资本投资显著大于小企业，而二者的人力资本流动无显著差异，因此，企业规模对人力资本投资与技术创新的关系具有调节效应，而对人力资本流动与技术创新的关系无调节效应。

表5-28　企业规模对人力资本流量与技术创新关系的调节效应

变量	模型（4-13）	
	tpatent	in patent
invest	15. 14 *** （3. 46）	32. 42 ** （2. 70）
flow	3. 58 ** （2. 94）	2. 16 ** （2. 72）
size×invest	7. 29 ** （2. 68）	2. 58 ** （2. 83）
size×flow	0. 16 （0. 15）	0. 11 （0. 20）
size	86. 81 *** （4. 39）	23. 72 ** （2. 75）
debt	−0. 05 （−0. 45）	−0. 01 （−0. 26）
grow	−0. 03 （−1. 21）	−0. 01 （−1. 26）
常数项	−77. 81 *** （−4. 10）	−80. 34 * （−2. 54）
个体	控制	控制
年度	控制	控制
样本量	1 116	1 116
调整 R^2	0. 11	0. 09

注：括号内为 t 值；*、**、*** 分别表示在1%、5%、10%水平上拒绝原假设。

表5-29为对模型（4-14）与模型（4-15）进行回归得到的企业规模对人力资本存量与企业绩效关系的中介调节效应的回归结果。由表5-29可知，企业规模对员工人力资本、技术人力资本及高管人力资本的调节效应与前文相同，表现为在员工人力资本与企业财务绩效的关系

中存在调节效应，在高管人力资本与企业市场绩效的关系中存在调节效应，在技术人力资本与企业财务绩效和市场绩效的关系中均存在调节效应。技术创新及其与企业规模的交互项与企业绩效均在5%的水平上存在显著的相关性，这说明企业规模调节了中介变量技术创新，增强了人力资本存量对企业绩效的影响。

表5-29　企业规模对人力资本存量与企业绩效关系的中介调节效应

变量	ROA				TQ			
	模型（4-14）		模型（4-15）		模型（4-14）		模型（4-15）	
staff	1.57** (2.67)	1.35** (2.54)			1.41 (2.79)	1.44 (0.83)		
tech			5.37 (0.98)	6.92 (0.72)			10.66 (0.80)	10.90 (0.73)
manage	1.67 (0.14)	2.03 (0.34)	2.30 (0.28)	2.04 (0.42)	6.06*** (5.53)	5.87** (4.44)	5.31*** (5.66)	5.15*** (4.58)
tpatent			0.31** (2.77)	0.31** (2.76)	0.11** (2.91)		0.08** (2.75)	
in patent		0.61** (2.69)		0.64** (2.67)		0.21** (2.88)		0.19** (2.80)
size×staff	0.99** (2.61)	0.91** (2.49)			0.48 (0.73)	0.51 (0.77)		
size×tech			0.56** (2.98)	0.44** (2.71)			0.69** (2.53)	0.71* (2.16)
size×manage	0.04 (0.08)	0.14 (0.28)	0.11 (0.22)	0.19 (0.36)	2.48** (2.47)	2.47* (2.18)	2.59** (2.60)	2.58** (2.52)
size×tpatent	0.01** (2.79)		0.01** (2.78)		0.004** (2.88)		0.003** (2.71)	
size× in patent		0.02** (2.68)		0.02** (2.67)		0.008** (2.84)		0.008** (2.76)
size	3.31 (0.47)	1.68 (0.24)	0.41 (0.06)	1.05 (0.16)	3.69*** (4.38)	3.52*** (4.30)	3.73*** (4.80)	3.65*** (4.72)
debt	-0.22*** (-10.19)	-0.29*** (-10.08)	-0.22*** (-10.16)	-0.21*** (-10.04)	0.09*** (4.21)	0.08*** (4.27)	0.09*** (4.23)	0.09*** (4.28)

表5-29（续）

变量	ROA				TQ			
	模型（4-14）		模型（4-15）		模型（4-14）		模型（4-15）	
grow	0.05 *** (10.77)	0.059 8*** (10.82)	0.05 *** (10.69)	0.05 *** (10.75)	0.01 ** (3.10)	0.01 ** (3.13)	0.01 ** (3.15)	0.01 ** (3.17)
常数项	78.21 (0.50)	41.94 (0.27)	12.61 (0.09)	-19.80 (-0.13)	74.7*** (4.45)	73.2*** (4.37)	76.3*** (4.88)	75.8*** (4.79)
个体	控制	控制	控制	控制	控制	控制	控制	控制
年度	控制	控制	控制	控制	控制	控制	控制	控制
样本量	1 116	1 116	1 116	1 116	1 116	1 116	1 116	1 116
调整 R^2	0.31	0.29	0.32	0.30	0.28	0.29	0.31	0.33

注：括号内为 t 值；$*$、$**$、$***$ 分别表示在1%、5%、10%水平上拒绝原假设。

表 5-30 为对模型（4-16）进行回归得到的企业规模对人力资本流量与企业绩效关系的中介调节效应的回归结果。由表 5-30 可知，企业规模在人力资本流量与企业绩效的关系中存在调节效应，与前文结论相同。具体表现为，企业规模在人力资本投资与企业市场绩效的关系中存在调节效应。技术创新及其与企业规模的交互项与企业绩效在5%的水平上显著正相关，这说明了企业规模调节了中介变量技术创新，增强了人力资本投资对企业绩效的影响。

表 5-30　企业规模对人力资本流量与企业绩效关系的中介调节效应

变量	模型（4-16）			
	ROA		TQ	
invest	9.51 (0.25)	10.60 (0.51)	14.30 ** (2.76)	14.02 ** (2.73)
flow	3.84 ** (2.89)	3.95 ** (2.91)	10.25 (0.21)	10.28 (0.21)
tpatent	0.31 ** (2.73)		0.18 ** (2.56)	
in patent		0.61 ** (2.73)		0.42 ** (2.78)

表5-30（续）

变量	模型 （4-16）			
	ROA		TQ	
size×invest	0.41 （0.19）	0.46 （0.35）	0.63** （2.73）	0.62** （2.71）
size×flow	0.16 （0.85）	0.17 （0.88）	0.46 （1.22）	0.47 （1.23）
size×tpatent	0.01** （2.74）		0.02** （2.53）	
size×in patent		0.02** （2.73）		0.01** （2.77）
size	4.21 （1.22）	4.73 （1.39）	-8.67* （-2.34）	-8.61* （-2.35）
debt	-0.29*** （-10.18）	-0.26*** （-10.08）	0.09*** （4.02）	0.08*** （4.11）
grow	0.05*** （10.41）	0.06*** （10.49）	0.01** （2.88）	0.02** （2.93）
常数项	-8.40 （-1.13）	-9.67 （-1.29）	19.7* （2.40）	19.0* （2.40）
个体	控制	控制	控制	控制
年度	控制	控制	控制	控制
样本量	1 116	1 116	1 116	1 116
调整 R^2	0.22	0.23	0.09	0.08

注：括号内为 t 值；*、**、*** 分别表示在1%、5%、10%水平上拒绝原假设。

三、股权结构在人力资本与企业绩效关系间的调节效应分析

表5-31 报告了股权性质对人力资本存量与企业绩效关系的直接调节效应。由于股权性质为虚拟变量，与其交互项存在多重共线性，因此STATA16软件自动删除了 own 项，但这对模型中主要观察变量的交互项不产生影响。由表5-31 可知，股权性质与员工人力资本的交互项系数不显著，说明股权性质在员工人力资本与企业绩效的关系中不存在调

节效应。股权性质与技术人力资本的交互项在 1% 的水平上显著，说明股权性质在技术人力资本与企业绩效的关系中存在调节效应。股权性质与高管人力资本的交互项系数仅在与企业市场绩效的关系中显著，说明股权性质在高管人力资本与企业市场绩效的关系中存在调节效应。这部分验证了本书的假设 H5c。

表 5-31　股权性质对人力资本存量与企业绩效关系的直接调节效应

变量	ROA		TQ	
	模型（4-8）	模型（4-9）	模型（4-8）	模型（4-9）
staff	0.35* (2.31)		1.41* (2.37)	
tech		0.27* (2.35)		0.67** (2.82)
manage	0.71 (0.78)	0.76 (0.84)	0.84 (0.86)	0.69 (0.71)
own×staff	1.98 (0.91)		0.38 (1.45)	
own×tech		2.53* (2.42)		2.48* (2.36)
own×manage	0.40 (0.26)	0.49 (0.32)	0.11** (2.87)	0.19** (2.72)
size	0.17 (0.27)	0.09 (0.14)	3.09*** (4.50)	3.19*** (4.64)
debt	−0.21*** (−9.93)	−0.29*** (−10.03)	0.09*** (4.12)	0.09*** (3.98)
grow	0.06*** (10.89)	0.06*** (10.90)	0.01** (2.87)	0.02** (2.89)
常数项	1.015 (0.08)	−0.229 (−0.02)	77.72*** (5.49)	80.84*** (5.83)
个体	控制	控制	控制	控制
年度	控制	控制	控制	控制
样本量	1 116	1 116	1 116	1 116
调整 R^2	0.22	0.23	0.07	0.08

注：括号内为 t 值；*、**、*** 分别表示在 1%、5%、10% 水平上拒绝原假设。

表 5-32 报告了股权性质对人力资本流量与企业绩效关系的直接调节效应。由表 5-32 可知，股权性质在人力资本投资与企业市场绩效的关系中存在调节效应；股权性质在人力资本流动与企业财务绩效的关系中存在调节效应。这部分验证了本书的假设 H5d。

表 5-32　股权性质对人力资本流量与企业绩效关系的调节效应

变量	模型（4-10）	
	ROA	TQ
invest	0.68 （1.13）	0.45** （2.69）
flow	−0.35* （2.39）	−0.07* （2.26）
own×invest	1.08 （0.54）	0.60** （102.54）
own×flow	−0.77** （−2.61）	−0.52 （−2.62）
size	0.32 （0.54）	3.370*** （5.16）
debt	−0.22*** （−9.99）	0.09*** （4.03）
grow	0.05*** （10.52）	0.01** （2.80）
常数项	0.50 （0.04）	78.25*** （5.81）
个体	控制	控制
年度	控制	控制
样本量	1 116	1 116
调整 R^2	0.13	0.12

注：括号内为 t 值；*、**、*** 分别表示在 1%、5%、10% 水平上拒绝原假设。

在人力资本存量及人力资本流量与企业绩效的关系中，股权性质具有调节效应，这种效应还可以表现为股权性质对人力资本存量及流量与中介变量技术创新关系的调节，进而影响企业绩效。表 5-33 为股权性质对人力资本存量与技术创新关系的调节效应。

表 5-33　股权性质对人力资本存量与技术创新关系的调节效应

变量	tpatent		in patent	
	模型（4-11）	模型（4-12）	模型（4-11）	模型（4-12）
staff	10.10** (2.53)		3.48* (2.23)	
tech		0.22*** (3.05)		1.77** (2.92)
manage	1.47 (0.28)	1.61 (0.30)	4.98* (2.18)	5.12* (2.23)
own×staff	6.65 (0.52)		5.82 (1.06)	
own×tech		19.56** (2.88)		4.86* (2.18)
own×manage	5.28 (0.58)	3.86 (0.42)	1.03 (0.26)	1.56 (0.60)
size	13.39*** (3.57)	12.81*** (3.40)	6.24*** (3.87)	5.91*** (3.64)
debt	−0.09 (−0.71)	−0.11 (−0.90)	−0.03 (−0.59)	−0.03 (−0.71)
grow	−0.03 (−1.07)	−0.03 (−1.06)	−0.01 (−1.07)	−0.01 (−1.12)
常数项	−28.1** (−2.70)	−23.3** (−3.05)	−16.0*** (−4.82)	−17.9*** (−5.29)
个体	控制	控制	控制	控制
年度	控制	控制	控制	控制
样本量	1 116	1 116	1 116	1 116
调整 R^2	0.09	0.09	0.07	0.08

注：括号内为 t 值；*、**、*** 分别表示在1%、5%、10%水平上拒绝原假设。

由表5-33可知，员工人力资本与股权性质的交互项、高管人力资本与股权性质的交互项均与技术创新无显著相关性，而技术人力资本及其与企业规模的交互项与技术创新之间存在显著的相关性。这表明在人力资本存量中，股权性质仅对技术人力资本具有调节效应，原因与企业规模的调节效应一样。

表 5-34 为股权性质对人力资本流量与技术创新关系的调节效应。由表 5-34 可知，人力资本投资及其与股权性质的交互项均与技术创新显著正相关；人力资本流动及其与股权性质的交互项均与技术创新显著负相关。由上述描述性分析可知，国有企业的人力资本投资显著大于非国有企业，而人力资本的流动则显著小于非国有企业，因此，股权性质对人力资本投资与技术创新的关系具有正向调节效应，而对人力资本流动与技术创新的关系具有负向调节效应。

表 5-34　股权性质对人力资本流量与技术创新关系的调节效应

变量	模型（4-13）	
	tpatent	in patent
invest	7.31* （2.05）	2.01** （2.41）
flow	-0.39* （2.27）	-0.29** （-2.47）
own×invest	6.54* （2.08）	1.26** （2.48）
own×flow	-0.76* （-2.27）	-1.41* （2.16）
size	16.54*** （4.67）	8.79*** （5.67）
debt	-0.03 （-0.23）	-0.01 （-0.05）
grow	-0.03 （-1.03）	-0.01 （-1.13）
常数项	-23.56** （-3.22）	-15.05*** （-4.75）
个体	控制	控制
年度	控制	控制
样本量	1 116	1 116
调整 R^2	0.08	0.06

注：括号内为 t 值；*、**、*** 分别表示在 1%、5%、10% 水平上拒绝原假设。

表 5-35 为股权性质对人力资本存量与企业绩效关系的中介调节效应的回归结果。由表 5-35 可知，股权性质在技术人力资本与企业绩效的关系中存在调节效应；股权性质在高管人力资本与企业市场绩效的关系中存在调节效应，这都与前文结论相同。技术创新及其与股权性质的交互项与企业绩效存在显著相关性，这说明股权性质调节了中介变量技术创新，增强了人力资本存量对企业绩效的影响。

表 5-35 股权性质对人力资本存量与企业绩效关系的中介调节效应

变量	ROA		TQ	
	模型（4-14）	模型（4-15）	模型（4-14）	模型（4-15）
staff	0.37* (2.33)	0.38* (2.34)	1.37 (1.13)	1.40 (1.16)
tech		0.28 (1.37)	0.29 (1.39)	0.67 (0.82)	0.67 (0.82)
manage	0.77 (0.84)	0.80 (0.88)	0.81 (0.90)	0.86 (0.94)	0.82** (2.85)	0.85** (2.87)	0.68** (2.70)	0.69** (2.70)
tpatent	0.01** (2.38)	0.03** (2.37)	0.04** (2.65)	0.06** (2.72)
in patent	0.03** (2.93)	0.07** (2.83)	0.05** (2.73)	0.07** (2.82)
own×staff	1.82 (0.83)	1.81 (0.83)	3.39 (1.45)	3.51 (1.49)
own×tech	0.29* (2.39)	2.49* (2.40)	4.59* (2.40)	4.53* (2.38)
own×manage	0.35 (0.23)	0.21 (0.13)	0.43 (0.28)	0.28 (0.18)	0.14* (2.18)	0.02* (2.21)	0.17* (2.11)	0.26* (2.16)
own×tpatent	0.01** (2.84)	0.01** (2.79)	0.01*** (3.10)	0.06*** (3.02)
own× in patent	0.03** (2.85)	0.04** (2.92)	0.01* (2.38)	0.01* (2.32)
size	0.13 (0.20)	0.17 (0.27)	0.05 (0.09)	0.08 (0.14)	3.03*** (4.38)	3.04*** (4.39)	3.18*** (4.50)	3.15*** (4.54)

表5-35(续)

变量	ROA				TQ			
	模型（4-14）		模型（4-15）		模型（4-14）		模型（4-15）	
debt	-0.28^{***} (−9.95)	-0.21^{***} (−9.96)	-0.22^{***} (−10.05)	-0.22^{***} (−10.06)	0.09^{***} (4.08)	0.09^{***} (4.12)	0.09^{***} (3.95)	0.09^{***} (3.98)
grow	0.06^{***} (10.86)	0.06^{***} (10.86)	0.06^{***} (10.87)	0.06^{***} (10.87)	0.01^{**} (2.84)	0.07^{**} (2.86)	0.01^{**} (2.86)	0.02^{**} (2.87)
常数项	1.29 (0.10)	0.43 (0.03)	−0.04 (−0.00)	−0.77 (−0.06)	76.84^{***} (5.40)	76.88^{***} (5.36)	79.59^{***} (5.70)	79.77^{***} (5.66)
个体	控制	控制	控制	控制	控制	控制	控制	控制
年度	控制	控制	控制	控制	控制	控制	控制	控制
样本量	1 116	1 116	1 116	1 116	1 116	1 116	1 116	1 116
调整 R^2	0.23	0.21	0.24	0.22	0.08	0.08	0.07	0.06

注：括号内为 t 值；*、**、*** 分别表示在1%、5%、10%水平上拒绝原假设。

表 5-36 为股权性质对人力资本流量与企业绩效关系的中介调节效应的回归结果。由表 5-36 可知，股权性质在人力资本流量与企业绩效的关系中存在调节效应，与前文结论相同。具体表现为，股权性质在人力资本投资与企业市场绩效的关系中存在调节效应，在人力资本流动与企业财务绩效的关系中存在调节效应。技术创新及其与股权性质的交互项与企业绩效显著正相关，这说明了股权性质调节了中介变量技术创新，增强了人力资本流量对企业绩效的影响。

表 5-36　股权性质对人力资本流量与企业绩效关系的中介调节效应

变量	模型（4-16）			
	ROA		TQ	
invest	0.71 (1.16)	0.71 (1.16)	0.48^{**} (2.73)	0.47^{**} (2.72)
flow	0.35^{*} (2.39)	0.34^{*} (2.38)	0.07 (0.27)	0.06 (0.26)
tpatent	0.01^{*} (2.30)		0.05^{**} (2.76)	

表5-36(续)

变量	模型（4-16）			
	ROA		TQ	
in patent		0.07** (2.49)		0.08* (2.24)
own×invest	1.01 (0.97)	1.08 (1.04)	0.59** (2.53)	0.59** (2.53)
own×flow	−0.76** (−2.60)	−0.78** (−2.64)	−0.52 (−1.02)	−0.51 (−1.00)
own×tpatent	0.01** (2.84)		0.03* (2.27)	
own×in patent		0.03** (2.99)		0.07* (2.22)
size	0.28 (0.45)	0.37 (0.50)	−3.34*** (−4.99)	−3.31*** (−4.98)
debt	−0.22*** (−10.01)	−0.26*** (−10.03)	0.09*** (4.00)	0.08*** (4.03)
grow	0.05*** (10.50)	0.08*** (10.50)	0.01** (2.77)	0.02** (2.78)
常数项	1.17 (0.09)	0.77 (0.06)	77.32*** (5.70)	77.30*** (5.66)
个体	控制	控制	控制	控制
年度	控制	控制	控制	控制
样本量	1 116	1 116	1 116	1 116
调整 R^2	0.21	0.22	0.09	0.10

注：括号内为 t 值；$*$、$**$、$***$ 分别表示在1%、5%、10%水平上拒绝原假设。

四、实证分析结果

通过对企业不同异质性指标在高新技术企业人力资本与企业绩效关系中的调节效应进行实证检验，得到如下结论：

第一，大企业的人力资本存量均大于小企业；大企业的人力资本投资显著大于小企业，而二者的人力资本流动没有显著差异；大企业的绩效显著好于小企业。国有企业的员工人力资本与非国有企业无显著差异；国有企业的技术人力资本与高管人力资本显著高于非国有企业；国有企业的人力资本投资显著大于非国有企业，国有企业的人力资本流动显著低于非国有企业。国有企业的绩效好于非国有企业。

第二，企业规模在员工人力资本与企业财务绩效的关系中存在调节效应；企业规模在技术人力资本与企业绩效的关系中存在调节效应；企业规模在高管人力资本与企业市场绩效的关系中存在调节效应。企业规模在人力资本投资与企业市场绩效的关系中存在调节效应；企业规模在人力资本流动与企业财务绩效的关系中存在调节效应。有中介的调节效应模型表明，人力资本存量与流量均通过技术创新增强了其对企业绩效的影响，其中技术人力资本表现为完全中介效应。

第三，股权性质对员工人力资本与企业绩效的关系无调节效应；股权性质在技术人力资本与企业绩效的关系中存在调节效应；股权性质在高管人力资本与企业市场绩效的关系中存在调节效应。股权性质在人力资本投资与企业市场绩效的关系中存在调节效应；股权性质在人力资本流动与企业绩效的关系中不存在调节效应。有中介的调节效应模型表明，人力资本存量与流量均通过技术创新增强了其对企业绩效的影响，其中技术人力资本表现为完全中介效应。

五、稳健性分析

本书根据企业异质性特征，对不同企业规模与不同股权性质的高新技术企业进行了分组回归，以检验本书结论的稳健性。

本节分组回归主要检验分组的中介效应，由于将企业规模作为分组标准，因此在稳健性检验中，将控制变量企业规模剔除。按上述描述性分析的分组方式，以全部样本的中位数为界限，将其分为高资产组与低资产组，并以技术创新为中介变量进行回归，结果如表 5-37 与表 5-38 所示。

对比表 5-37 与表 5-38 的回归结果，可以发现对全部样本进行分组后，技术创新仍在每组的人力资本与企业绩效的关系中存在显著的中介效应。进一步对比两组回归系数的大小，可以发现高资产组的绝大部分系数要大于低资产组，说明高资产的人力资本对企业绩效的影响更强。此结果进一步证明企业规模对人力资本与企业绩效的关系起到了强化作用，支持了本书的结论。

表 5-37　低资产企业技术创新的中介效应回归结果

变量	ROA				TQ			
	模型（4-6）		模型（4-7）		模型（4-6）		模型（4-7）	
staff	0.16 ** （2.83）	0.19 ** （2.82）			0.69 （0.74）	0.68 （0.74）		
tech			0.22 （0.41）	0.25 （0.39）			0.66 ** （2.71）	0.64 ** （2.68）
manage	0.65 （0.66）	0.62 （0.67）	0.56 （0.63）	0.58 （0.63）	0.07 * （2.28）	0.04 * （2.05）	0.05 * （2.16）	0.03 ** （3.13）
invest	0.17 （1.71）	0.22 （1.79）	0.16 （1.67）	0.20 （1.75）	0.18 * （2.27）	0.15 * （2.23）	0.16 * （2.19）	0.19 * （2.14）
flow	0.21 * （2.12）	0.22 * （2.12）	0.22 * （2.09）	0.23 * （2.09）	0.18 （1.18）	0.21 （1.17）	0.19 （1.11）	0.18 （1.11）
tpatent	0.001 ** （2.69）		0.003 ** （0.64）		0.002 ** （2.55）		0.003 ** （2.62）	
in patent		0.003 ** （2.45）		0.004 ** （2.38）		0.006 ** （2.48）		0.006 ** （2.48）
debt	−0.36 *** （−10.52）	−0.36 *** （−10.50）	−0.35 *** （−10.49）	−0.35 *** （−10.47）	0.06 * （2.05）	0.07 * （2.04）	0.071 * （2.13）	0.071 * （2.12）
grow	0.04 *** （6.21）	0.04 *** （6.21）	0.045 *** （6.24）	0.04 *** （6.24）	0.01 （1.93）	0.01 （1.93）	0.01 * （2.02）	0.01 * （2.01）
常数项	−25.1 ** （−2.59）	−24.0 ** （−2.52）	−29.65 * （−2.33）	−28.80 * （−2.27）	17.36 （0.77）	16.18 （0.72）	12.49 （0.55）	11.44 （0.51）
个体	控制	控制	控制	控制	控制	控制	控制	控制
年度	控制	控制	控制	控制	控制	控制	控制	控制
样本量	558	558	558	558	558	558	558	558
调整 R^2	0.14	0.14	0.15	0.14	0.07	0.08	0.10	0.09

注：括号内为 t 值；*、**、*** 分别表示在1%、5%、10%水平上拒绝原假设。

表 5-38　高资产企业技术创新的中介效应回归结果

变量	ROA				TQ			
	模型（4-6）		模型（4-7）		模型（4-6）		模型（4-7）	
staff	0.65** (2.44)	0.66** (2.64)			0.92 (0.54)	0.91 (0.54)		
tech			0.43 (0.40)	0.46 (0.43)			1.16** (2.95)	1.11** (2.90)
manage	0.901 (0.62)	0.986 (0.68)	0.848 (0.59)	0.930 (0.64)	1.53** (2.93)	1.48** (2.89)	1.42** (2.86)	1.37** (2.83)
invest	0.53 (0.63)	0.54 (0.65)	0.51 (0.61)	0.53 (0.63)	0.32* (2.13)	0.31* (2.12)	0.39** (2.79)	0.41** (2.58)
flow	0.25** (2.45)	0.25** (2.45)	0.24** (2.41)	0.24** (2.52)	0.23 (0.58)	0.24 (0.60)	0.22 (0.48)	0.23 (0.50)
tpatent	0.002** (2.42)		0.005** (2.89)		0.005** (2.99)		0.006** (2.85)	
in patent		0.007** (2.47)		0.010** (2.45)		0.009** (2.73)		0.011 (2.76)
debt	−0.233*** (−6.67)	−0.232*** (−6.68)	−0.232*** (−6.65)		0.07* (1.98)	0.08* (2.04)	0.08 (1.94)	0.08* (2.01)
grow	0.08*** (8.21)	0.08*** (8.23)	0.08*** (8.21)		0.02 (1.80)	0.02 (1.83)	0.02 (1.83)	0.05 (1.85)
常数项	21.39 (0.77)	20.33 (0.74)	21.97 (0.79)	20.95 (0.75)	31.4*** (3.51)	32.7*** (3.56)	38.6*** (3.41)	40.2*** (3.46)
个体	控制	控制	控制	控制	控制	控制	控制	控制
年度	控制	控制	控制	控制	控制	控制	控制	控制
样本量	558	558	558	558	558	558	558	558
调整 R^2	0.26	0.26	0.25	0.25	0.11	0.12	0.12	0.11

注：括号内为 t 值；*、**、*** 分别表示在1%、5%、10%水平上拒绝原假设。

按股权性质的不同，本书将全部样本分为国有企业组与非国有企业组，并以技术创新为中介变量进行回归，结果如表 5-39 与表 5-40 所示。通过对比两组的回归系数，可以发现，技术创新仍在每组的人力资本与企业绩效的关系中存在显著的中介效应。进一步对比两组回归系数的大小发现，国有企业组的绝大部分系数要大于非国有企业组，表明国有股权性质强化了人力资本对企业绩效的关系，与前文结论一致，说明本书的结论具有稳健性。

表 5-39　国有企业技术创新的中介效应回归结果

变量	ROA				TQ			
	模型（4-6）		模型（4-7）		模型（4-6）		模型（4-7）	
staff	1.26** （2.97）	1.25** （2.96）			2.24 （0.65）	2.35 （0.68）		
tech			0.82 （0.73）	0.85 （0.76）			3.18 （1.07）	3.13 （1.06）
manage	0.84 （0.87）	0.79 （0.82）	0.87 （0.89）	0.82 （0.84）	1.97** （2.68）	1.86** （2.53）	1.59* （2.23）	1.51* （2.19）
invest	0.78 （0.55）	0.79 （0.61）	0.76 （0.56）	0.79 （0.61）	0.56* （2.33）	0.58* （2.34）	0.68* （2.39）	0.71* （2.42）
flow	0.09* （2.33）	0.10* （2.36）	0.11* （2.40）	0.12* （2.43）	0.34 （0.46）	0.31 （0.42）	0.34 （0.46）	0.32 （0.43）
tpatent	0.003** （2.44）		0.004** （2.47）		0.005** （2.25）		0.005** （2.29）	
in patent		0.006* （2.33）		0.008** （2.45）		0.018** （2.38）		0.015* （2.32）
size	0.24 （0.32）	0.21 （0.29）	0.29 （0.39）	0.27 （0.37）	5.63** （2.84）	5.61** （2.86）	5.72** （2.91）	5.72** （2.95）
debt	−0.05 （−1.40）	−0.05 （−1.39）	−0.05 （−1.54）	−0.05 （−1.54）	0.31** （3.32）	0.32** （3.34）	0.33** （3.11）	0.30** （3.11）
grow	0.02*** （3.63）	0.02*** （3.64）	0.02*** （3.57）	0.02*** （3.58）	0.02 （1.42）	0.02 （1.42）	0.02 （1.41）	0.02 （1.40）
常数项	8.674 （0.53）	8.913 （0.54）	7.339 （0.45）	7.886 （0.48）	135.4** （3.12）	133.8** （3.06）	134.4** （3.12）	133.3** （3.07）
个体	控制	控制	控制	控制	控制	控制	控制	控制
年度	控制	控制	控制	控制	控制	控制	控制	控制
样本量	254	254	254	254	254	254	254	254
调整 R^2	0.15	0.16	0.19	0.19	0.24	0.24	0.24	0.25

注：括号内为 t 值；*、**、*** 分别表示在1%、5%、10%水平上拒绝原假设。

表 5-40　非国有企业技术创新的中介效应回归结果

变量	ROA				TQ			
	模型（4-6）		模型（4-7）		模型（4-6）		模型（4-7）	
staff	0.28* (2.24)	0.29* (2.25)			1.39 (1.78)	1.43 (1.83)		
tech			0.28 (0.34)	0.29 (0.36)			0.56 (1.05)	0.57 (1.07)
manage	0.65 (0.63)	0.69 (0.66)	0.68 (0.65)	0.72 (0.69)	1.07** (2.57)	1.28** (2.57)	0.99** (2.45)	0.98** (2.44)
invest	0.38 (1.13)	0.34 (1.12)	0.36 (1.11)	0.35 (1.09)	0.31** (2.70)	0.29** (2.65)	0.29** (2.65)	0.26** (2.59)
flow	0.28* (2.17)	0.28* (2.06)	0.28* (2.14)	0.27* (2.13)	0.15 (0.88)	0.14 (0.85)	0.13 (0.78)	0.13 (0.75)
tpatent	0.002* (2.29)		0.002** (2.28)		0.004** (2.36)		0.003** (3.47)	
in patent		0.004** (2.49)		0.004** (2.49)		0.006** (2.56)		0.007** (2.68)
size	0.01 (0.01)	0.02 (0.03)	0.05 (0.06)	0.02 (0.02)	1.78** (3.03)	1.87** (3.08)	1.83** (3.09)	1.85** (3.13)
debt	-0.25** (-2.80)	-0.25** (-2.81)	-0.25** (-2.80)	-0.29** (-2.81)	0.048** (2.79)	0.049** (2.84)	0.048** (2.80)	0.049 4* (2.84)
grow	0.07*** (10.41)	0.07*** (10.40)	0.07*** (10.43)	0.07*** (10.43)	0.01** (2.66)	0.01** (2.70)	0.01** (2.64)	0.01** (2.68)
常数项	-2.28 (-0.13)	-3.25 (-0.19)	-3.39 (-0.20)	-4.43 (-0.26)	52.99** (2.71)	53.26** (2.68)	56.44** (2.50)	56.69** (2.86)
个体	控制	控制	控制	控制	控制	控制	控制	控制
年度	控制	控制	控制	控制	控制	控制	控制	控制
样本量	862	862	862	862	862	862	862	862
调整 R^2	0.28	0.26	0.26	0.27	0.08	0.09	0.08	0.07

注：括号内为 t 值；*、**、*** 分别表示在 1%、5%、10% 水平上拒绝原假设。

第四节　本章小结

根据第四章的模型设定，本章对提出的研究假设进行了实证分析，分别对人力资本与企业绩效的关系、技术创新的中介效应以及企业异质性的调节效应进行了检验，假设全部或部分得到验证，结论如下所示：

人力资本存量及流量与高新技术企业绩效相关，但相关性与企业绩效的类型有关，如表 5-41 所示。高新技术制造业企业的人力资本与企业绩效的关系与全样本的情况完全一致，高新技术非制造业企业的人力资本与企业绩效的关系不同于制造业，表现为高新技术非制造业企业的人力资本流动与企业绩效显著相关，而人力资本投资与企业绩效无显著相关性。

表 5-41　人力资本与企业绩效的相关性

人力资本类型	具体人力资本	财务绩效	市场绩效
人力资本存量	员工人力资本	正相关	无
	技术人力资本	正相关	正相关
	高管人力资本	无	正相关
人力资本流量	人力资本投资	无	正相关
	人力资本流动	正相关	无

技术创新在人力资本与企业绩效的关系中存在中介效应，但因人力资本存量与流量的类型及企业绩效的类型不同而存在差异。具体而言，技术创新在员工人力资本和人力资本流动与企业财务绩效的关系中起着部分中介作用，而在技术人力资本与企业财务绩效的关系中起着完全中介作用；技术创新在技术人力资本、高管人力资本和人力资本投资与企业市场绩效的关系中起着部分中介作用，如表 5-42 所示。

表 5-42　技术创新的中介效应

人力资本类型	具体人力资本	财务绩效	市场绩效
人力资本存量	员工人力资本	部分中介效应	无中介效应
	技术人力资本	完全中介效应	部分中介效应
	高管人力资本	无中介效应	部分中介效应
人力资本流量	人力资本投资	无中介效应	部分中介效应
	人力资本流动	部分中介效应	无中介效应

　　企业的异质性包括企业规模与股权性质，它们在人力资本与企业绩效的关系中存在调节效应，如表 5-43 与表 5-44 所示。这种调节效应和人力资本与企业绩效的相关性具有一致性。当人力资本的类型与企业绩效的类型具有相关性时，企业异质性就存在调节效应，而这种调节效应又通过技术创新的中介作用增强了人力资本对企业绩效的影响。

表 5-43　企业规模的调节效应

人力资本类型	具体人力资本	财务绩效	市场绩效
人力资本存量	员工人力资本	有调节效应	无调节效应
	技术人力资本	有调节效应	有调节效应
	高管人力资本	无调节效应	有调节效应
人力资本流量	人力资本投资	无调节效应	有调节效应
	人力资本流动	无调节效应	无调节效应

表 5-44　股权性质的调节效应

人力资本类型	具体人力资本	财务绩效	市场绩效
人力资本存量	员工人力资本	无调节效应	无调节效应
	技术人力资本	有调节效应	有调节效应
	高管人力资本	无调节效应	有调节效应
人力资本流量	人力资本投资	无调节效应	有调节效应
	人力资本流动	有调节效应	无调节效应

第六章　研究结论、建议与展望

第一节　研究结论

本书根据人力资本理论、技术创新理论与企业绩效理论，对人力资本存量与流量、企业绩效进行了界定，提出了人力资本与企业绩效的有关理论假设，并以中国沪深股市中高新技术企业 2015—2020 年的数据为样本，实证分析了人力资本与企业绩效的关系，研究结论如下：

第一，我国高新技术企业的人力资本与企业绩效之间存在较大差异。描述性分析发现，人力资本、企业财务绩效和企业市场绩效的最大值、最小值相差较大，且标准差也较大，说明我国高新技术发展不平衡，主要原因是高新技术企业面临的风险较大，一部分公司收益高、效益好，另一部分公司则相反。描述性分析结果显示，样本中高新技术企业的技术人力资本占比均值为 24.694%，低于国家高新技术企业的认定标准 30%。因此，有关部门需要加强对高新技术企业认定后的事后监管。目前，相对于传统企业，高新技术企业对人力资本的吸引力较大，表现为人力资本净流入。

第二，人力资本与企业绩效存在正相关关系，但相关性与人力资本存量与流量的类型以及企业绩效的类型有关。对于企业财务绩效而言，其与影响企业生产的人力资本存量密切相关，因此，企业财务绩效与员工人力资本和技术人力资本显著相关，而与高管人力资本无显著相关性。在人力资本流量中，人力资本流动与企业财务绩效显著相关，而人力资本投资与企业财务绩效无显著相关性。对于企业市场绩效而言，其主要受市场预期及长期因素的影响较大，影响市场预期的人力资本存量和流量与其密切相关。因此，技术人力资本、高管人力资本以及人力资本投资与企业市场绩效显著相关。对于高新技术非制造业企业而言，其对中高端研发应用型人才需求较大，而这种人才的供给很难满足市场需求，因此，员工人力资本和高管人力资本对企业财务绩效和企业市场绩效均显著相关，人力资本流动与企业财务绩效和企业市场绩效也显著相关。

第三，人力资本与技术创新存在正相关关系，技术创新在人力资本与企业绩效的关系中存在中介效应。在人力资本存量中，技术人力资本与技术创新的相关性最大；人力资本流量与技术创新存在显著相关性，但具有一定的滞后性，其中滞后一期的影响最大。随着技术创新难度与水平的提升，人力资本与技术创新的相关性也会增加。技术创新与企业绩效显著正相关，随着技术创新难度与水平的提升，其与企业绩效的相关性会增大。对于企业财务绩效而言，技术创新是其与技术人力资本之间的完全中介变量，即技术人力资本主要通过技术创新来提升企业的财务绩效。而员工人力资本与高管人力资本有多种渠道影响企业绩效，因此，技术创新是员工人力资本和高管人力资本与企业财务绩效之间的部分中介变量。对于企业市场绩效而言，由于受预期因素影响较大，技术创新是技术人力资本与企业市场绩效之间的部分中介变量。人力资本流量有多种渠道影响企业绩效，因此，技术创新是人力资本流量与企业绩效之间的部分中介变量。

第四，企业异质性在人力资本与企业绩效的关系中具有调节效应。高新技术大企业与小企业除在人力资本流动上无显著差异外，大企业的其他人力资本与企业绩效均显著高于小企业。高新技术国有企业的员工人力资本与非国有企业无显著差异，高新技术国有企业的人力资本流动显著低于非国有企业，其他人力资本与企业绩效显著优于非国有企业。若人力资本与企业绩效显著相关，则企业规模与股权性质对其关系具有调节作用。企业异质性的调节作用既可以在人力资本与企业绩效的直接关系中发挥，也可以通过中介变量技术创新间接发挥，即通过提高技术创新水平，从而加强人力资本对企业绩效的影响。

第二节　发展建议

一、提高人力资本存量

本书的实证研究表明，人力资本存量与企业绩效显著正相关，虽然其相关性与人力资本存量类型和企业绩效类型有关，但提高高新技术企业的人力资本存量可提升企业的绩效。

（一）提升整体人力资本存量

提升企业整体的人力资本存量是企业的基础性战略，高新技术企业只有全面加强各类人才储备，才能在激烈的行业竞争中生存。从战略的角度来看，首先，高新技术企业需要根据企业战略发展需要，储备企业未来发展需要的各种人力资本，以满足企业未来发展对人力资本的需求。其次，高新技术企业需要联合各个利益相关者，有针对性地对人力资本进行开发、利用，以拓展人力资本存量，并通过提升现有人力资本的学习与自我管理能力、核心业务技能、战略思维能力等，积极实现现有人力资本的增值管理、长效化管理。

从操作层面来看，企业可以立足现有的人力资本存量结构与教育资源，设计多角度、多层次的教育管理路径。例如，企业可以进一步完善招聘管理工作与人才引进制度，设计量化考核要素，以优化人才选用指标体系；可以借助当地政府的人才发展战略与科研力量，充分对接其优势，实现人力资本联动管理、联动发展、联动引进。此外，企业还可通过与高校、科研单位、政府等进行联动，建立校企合作项目与人才发展基地，打造完善的人力资本存量管理机制。

（二）优化人力资本结构

在人力资本存量中，技术人力资本与企业财务绩效和市场绩效均显著正相关。技术人力资本是高新技术企业提高研发水平，优化产品和业务的主要驱动者。个别技术人力资本还有着难以被替代、其成功难以被模仿的特征。对于高新技术企业而言，增加技术人力资本存量能更好地提升企业绩效。做好技术人力资本尤其是创新型人力资本的管理工作，是高新技术企业获得长期发展动力的来源。

优化人力资本结构，合理增加对技术人力资本的投入。一方面，企业要强化创新意识，增加对高端人才的引入，将"创新"观念融入高新技术企业发展的全过程中，鼓励全员创新，为技术人力资本的创新提供良好的内外发展环境，着力提升企业内的技术人力资本存量。另一方面，企业要提高自身对技术人力资本的吸引力，加大在医疗、教育等个人保障项目中的投入，加大研发与培训的投入，优化内部发展路径管理等，以提升技术人力资本尤其是创新型人力资本对企业的忠诚度与归属感。

（三）提高人力资本质量

本书的实证研究表明，高管人力资本与企业的市场绩效显著正相关。高新技术企业不仅需要技术人力资本，而且对高端的高管人力资本，以及优秀的员工人力资本同样有着巨大的需求。提高企业的人力资本质量，对于高新技术企业来说是至关重要的。高新技术企业对人力资本的专业知识和创新能力的需求高于其他行业。在知识经济时代，高新技术企业的竞争越来越激烈，要想在竞争中胜出，高新技术企业不但需要技术人力资本，还需要符合背景、具有管理和技术经验的高级管理人才，以及掌握先进操作技术的员工人力资本。

在当前的市场中，相对于普通的人力资本，高层次的人力资本供给相对不足。因此，高新技术企业需要建立符合现实需要的高端人才引进机制，制定长期的用人规划，树立为人才服务的意识，通过创新管理方式和建立激励机制来实现人才自身发展和企业利用的有机结合，从而提升企业对高层次人才的吸引力。

二、加强人力资本流量管理

本书的实证研究表明，人力资本流量中人力资本投资与高新技术企业的市场绩效显著正相关，人力资本流动与高新技术企业的财务绩效也显著正相关。因此，加强人力资本流量管理对提升企业绩效有重要意义。

（一）加强员工培训

高新技术企业面临着激烈的市场竞争，技术更新换代速度快，因此，高新技术企业的产品和服务必须及时进行创新与升级，才能在市场中生存与发展。这就要求高新技术企业的员工需要不断补充和更新自身的知识和技能，才能防止因技术落伍和知识陈旧而使得人力资本贬值，才能提升企业人力资本的价值。因此，高新技术企业必须给员工提供更多学习和培训的机会，持续对企业人力资本进行投资。

首先，企业需要建立合理的培训制度。高新技术企业需要根据企业发展战略，制定企业员工定期培训制度，以满足不同员工的需要。高新技术企业可以通过企业办学、产学研合作、岗位轮换等模式对员工进行培训；可以加强对员工信息沟通能力、研发能力和创新能力的培养，以满足员工的需求，从而提升企业的综合实力。其次，企业要注重为员工制定职业生涯规划。企业可以为员工制定职业生涯规划，明确其培训、升迁、待遇及职业前景，让员工与企业共同发展。企业可以根据员工的职业兴趣、专业背景和个人条件，为其提供职业发展机会，以及开展各种培训、实践活动，通过职业生涯规划使员工的个人发展融入企业发展，从而提升人力资本水平与企业竞争力。

（二）引导人力资本合理流动

合理的人力资本流动可以实现人力资本结构优化，提高人力资本使用效率，促进企业绩效提升。优化高新技术企业的人力资本流动可以从三个方面进行。

一是完善人力资本市场制度。首先，加强国际人力资本流动，以吸引国际上优秀的高素质人才来中国发展和创业。同时，加强国内人力资本流动，需要无差别地对待国有企业与非国有企业。本书的实证研究表明，非国有企业的人力资本流动显著高于国有企业。因此，有关部门需要解决不同股权性质企业的人力资本在住房、医疗及养老方面的后顾之忧，消除不同地区、不同性质部门间的待遇差异，在国内统一人才的衡量标准和相关的福利待遇保障制度。其次，健全并发展人力资本的流动机制，确保人力资本市场的规章制度更加清晰规范，从而提升人才市场中众多中介机构的业务水平，保障人才市场的正常运行。最后，推进人才市场法律法规的完善，做到有法可依，同时强化对人才市场的监察力度，做到依法执法，为实现人才流动机制平稳发挥功能保驾护航，创造一个能够同时保障人才合法权益和满足用人单位合理需求的法律监管环境。

二是优化企业内部的人力资源循环机制。企业促进人力资源的合理循环，定期轮换员工的工作岗位，不仅可以使员工对工作保持新鲜感与热情，还能让员工了解不同岗位之间的关系，使其对工作更具有整体观念，有利于在员工之间形成协同效应，提高工作效率。与此同时，员工在轮换中学习到了新的知识，拓宽了自身的发展渠道，企业也在轮换中激发了员工活力，提高了员工留存率，保留了关键人力资本。

三是进行企业人才储备。企业需要平衡好员工流失与留用需要付出的代价，分析其中的效益，从而确定对企业而言最佳的员工流失率、留存率，并在此基础上培育企业的备用人力资本，以及进行人才储备工作，以应对员工人数波动导致的岗位空缺，减少人手不足给企业带来的人员短缺成本。对于高新技术企业而言，做好核心技术人员与关键岗位的人才储备工作是至关重要的。

（三）加强企业软环境建设

员工能否充分发挥主观能动性，实现对企业的价值，很大程度上取决于企业本身的客观环境。员工在一个能够畅所欲言的环境中工作，信息的交互、经验的传授也就水到渠成。良好的企业氛围间接地帮助企业减少了人才的流失。加强高新技术企业软环境建设主要从两方面进行。

一是营造能够促进员工进行持续学习的企业氛围，建立以学习为导向的组织。一个灵活性强、便于应对市场环境变化、组织架构层级少、人性化、坚持可持续发展的企业，能够给员工营造浓郁的学习氛围，从而激发员工的创新热情，提高员工的创新能力。这为企业留住人才、培育人才提供了坚实的保障。学习型组织的建立主要通过组织学习团队，为员工提供教育培训，以及进行知识的收集、传播与利用等方式进行。

二是重视企业文化在无形中带来的效益，加大企业文化建设力度。企业文化能够在无形中促进员工之间的良好合作，还可以让员工的个人目标、个人利益与企业的发展方向、企业的利益相一致，使得员工尽早实现自我价值，并在员工获得满足感的同时也完成了企业的目标。因此，高新技术企业应注重企业文化建设，加大其构建力度。高新技术企业要建立起适合企业长远发展的特色文化，形成尊重知识、尊重人才、关心人才、信任人才的企业氛围。

三、优化促进人力资本创新的相关制度

本书的实证研究表明，人力资本与技术创新、技术创新与企业绩效这两组变量之间的变化方向具有明显的一致性，相关关系均为正。而技术创新传导了两组变量之间产生的影响，为中介变量。因此，想要提高企业绩效，优化促进人力资本创新的相关制度就是必要的工作。

（一）优化人力资本评价机制

第一，根据需求的不同，对不同类型的人力资本确定不同的评价指标，并采用不同的评价制度。评价指标的确定应当基于岗位的具体情况和工作职责，以绩效贡献、知识与技能水平、道德素养为基础，以创新

能力为首要指标，对个人业绩情况进行综合考察。第二，评价指标体系要能够适配于不同类型的绩效特点和人力资本存量要求，同时能够起到引导人力资本投资与企业目标相一致的作用。可以广泛运用不同的方式对指标体系进行综合评价，定性方式如具体描述，定量方式如量化为具体分值或采用评定量表，以确保评价方式的公正与合理。第三，在评价结果的基础上，找出当前人力资本投资中效益低下的部分，进行反思与改进，以达到优化投资行为制度、提高创新产出、对不同资质的人力资本进行收入等级划分的目的。

（二）优化收入分配制度

在分配剩余收益时，所有者能够享有多少人力资本投资回报的份额、享有的份额是否公平合理，极大地影响了所有者对人力资本投资的积极性及项目资本的使用效率。因此，企业要想使收入分配制度更加公平合理，首先需要坚持以按劳分配为基础，同时将人力资本对企业贡献的价值纳入收入分配制度中；其次，可以将关键人才的薪金收入与企业的剩余收益挂钩，实现基本工资与浮动绩效奖金的结合，还可以用多种衍生金融工具对其进行激励，不仅能够激发关键人才的创新积极性，还能按照人力资本对企业的贡献程度进行公平分配。

（三）完善人力资本激励制度

企业只有打造出一个完善的人力资本激励体系，才能提升人力资本的质量，使其加快创新产出，从而增加投资效率。因此，企业应以技术、知识、能力等因素为基础，融入股权激励、培训激励、产权激励等激励方式，形成具有高独立性的特色人力资本激励制度。详细来看，一是要秉承公正公开和合理合法的原则，在原则之上以公司剩余收益为奖励去吸引人力资本，促使人力资本向公司所有者转变。二是结合公司业务模式，把奖励进行有效的分类，并且增加奖励的丰富性，以达到高质量应用人力资本的目的。三是通过丰富的机会激励，让人力资本能够实现自我价值的增值，比如技术专业竞赛、专业学术交流、基础教育提升等，从而建立起一个能够降低人力资本投资风险的系统机制。企业所有者应把权变管理理念融入企业发展中，营造一个让人力资本持续健康发展的工作环境，以此调动人力资本自我发挥的积极性和自我提高的冲劲，最终使人力资本实现高质量的创新产出。

四、提升企业技术创新能力

高新技术企业一方面可以通过建立有效的人力资本激励制度，促进企业的技术创新，另一方面可以通过提高企业的技术创新能力，以及加大对技术创新的直接投资，实现企业绩效的提升。关于提高技术创新能力，高新技术企业可从三个方面实现。

（一）增加企业研发支出

技术创新是需要资本支持的，而研发支出就是对技术创新进行的支持，没有了研发支出企业就难以进行技术创新。高新技术企业要想在市场中保持竞争优势，赚取更多的收益，就要有一定的技术创新能力，这就需要企业增加研发支出，为技术创新提供足够的资本支持。技术创新能力具有波动性，一旦没有了研发资金的支持就会下降乃至消失，没有了技术创新，企业也就无法跟上市场发展的脚步，企业绩效就会变差。一般来说，当研发费用达到销售收入的百分之二时，企业能够在市场中生存；而企业若想获得竞争优势，以赚取超额利润，则研发费用需要达到销售收入的百分之五。

（二）开展科研合作

高新技术企业可以通过合作的方式，让企业的技术创新能力实现一加一大于二的效果，所谓合作，可以是与其他机构或企业一起研发，也可以是直接购买新技术、新专利、新科研设备等，目的是提高研发资金的使用效率和缩短技术创新的周期，让企业的技术创新能力高效转化为产品和服务。高新技术企业还可与高校开展产学研合作，打通产学研的交流通道，可以给企业带来更多的创新视野。一方面，企业可以利用高校的研发资源促进企业的技术创新；另一方面，还可以促进科技人才的培养，促进技术创新和科技成果的有效转化，从而提升企业的创新能力。

（三）适当扩大企业规模

技术创新会受到企业规模的影响，已是大部分学者的共识。本书的实证结果表明，企业规模在人力资本与企业绩效的关系中具有调节效应。因此，企业可以通过扩大规模来提升技术创新能力。对于高新技术企业而言，第一要扩大生产规模，利用生产规模效应提升新产品的制造效率，同时与外部企业强强联合，以抢占市场份额，缩短技术创新商用化的周期；第二要确保提供的新产品和服务是高质量的，可以通过提高管理水平来实现这一目标；第三要确保技术创新对资源转化效率的正向效应达到最大，可以通过不断地调整自身的创新管理模式或者规模来实现这一目标。

第三节　研究局限与展望

一、研究局限

本书实证分析了人力资本与企业绩效的关系，以及技术创新在人力资本与企业绩效关系中的中介效应。此外，本书还尝试从新的视角将人力资本流量和存量与企业财务绩效和市场绩效进行关联，进而得出一些包含实际意义的结论。但仍有如下不足之处：

（一）关于技术创新的度量有待进一步研究

本书对技术创新的度量采用的是目前研究应用最多的方法，即以专利数量作为代表变量。首先，与人力资本分为存量与流量类似，技术创新也可以分为存量与流量。专利数量严格上讲是技术创新的增量，因此，本书没有对技术创新存量进行度量。其次，对于高新技术企业而言，并不是所有企业的创新成果都可以申请专利，专利数量也难以度量那些无法用专利来衡量的技术创新，因此可能会低估某些高新技术企业的技术创新。最后，对于专利数据本身而言，现有的 Wind 数据库中关于上市公司的专利数据有很多缺失，尤其是实用新型专利与外观专利数据不足，也可能对本书的研究产生不利影响。

（二）缺乏对人力资本与企业绩效非线性关系的探讨

本书研究的重心多在企业绩效和人力资本之间的线性关系上，而对于两者之间可能存在的非线性关系没有涉及，如倒"U"形关系。虽然本书的线性关系可以描述人力资本与企业绩效的关系，但这种关系并非一成不变的，可能会随着量的增加，出现非线性关系。

（三）忽略了资本市场的无效性

本书的市场绩效主要由 Tobin Q 值来度量。由于我国的资本市场存在一些非理性的投机行为，部分企业也热衷于各种短期利益，尤其是高新技术企业的技术创新活动也可能因管理者或资本市场的非理性行为不能做出正确的反应。因此，Tobin Q 值可能难以反映真实的市场价值。对资本市场的无效性的忽略，可能导致研究结论出现偏差。

二、研究展望

未来对人力资本与企业绩效相关性的研究，仍应集中分析两者之间的作用机理。针对本书研究的局限，未来的研究可能在如下方面进行改进：

（一）进一步探讨技术创新的中介效应，主要是将技术创新分为技术创新的存量与增量

对于技术创新的增量，除专利申请数量外，还应细化三类不同专利的影响。对于技术创新的存量，参考相关研究，可采用知识产权的无形资产账面价值进行度量。在此基础上，分别探讨技术创新的存量与增量的中介效应。

（二）探讨人力资本与企业绩效的非线性关系

探讨人力资本与企业绩效的非线性关系，首先是要找到能够依据的理论，以此研究两者特别是人力资本流量与企业绩效的关系；其次，进行实证检验，对结果进行正确的解读，以更好地理解人力资本与企业绩效的关系。

（三）探讨管理者与资本市场的非理性行为对企业技术创新活动的影响

未来研究应将行为金融学的相关理论引入研究框架中，并对人力资本与企业绩效的关系进行分析，做出更接近现实的理论假设，以此进行更深入的研究。

参考文献

中文文献

［1］丁勇. 研发能力、规模与高新技术企业绩效［J］. 南开经济研究，2011（4）：137-153.

［2］王立新，曹梅英. 技术创新与产业升级的互动机制［J］. 系统工程，2018（6）：37-46.

［3］王李. 财务绩效视角的人力资本投资：基于金融业、社会服务业资料的实证分析［J］. 东北师大学报（哲学社会科学版），2017（2）：118-124.

［4］王康. 内蒙古人力资本对技术创新影响的实证研究［J］. 内蒙古科技与经济，2020（5）：15-17，36.

［5］王轶英. 高新技术企业研发投入与企业绩效的相关性研究［D］. 沈阳：辽宁大学，2018.

［6］王端旭，陈帅. 人力资本投资与组织绩效关系的实证研究：基于权变的研究视角［J］. 科学管理研究，2010（2）：84-87.

［7］王橹橹. 股权性质、机构投资者持股对并购绩效的影响研究［D］. 沈阳：辽宁大学，2018.

［8］王铁男，涂云咪. 管理创新能力调节下技术创新能力对企业绩效的影响［J］. 技术经济，2012（10）：25-32.

［9］牛雄鹰，李春浩，张芮. 国际人才流入、人力资本对创新效率

的影响：基于随机前沿模型的研究［J］.人口与经济，2018（6）：12-22.

［10］尹美群，盛磊，李文博.高管激励、创新投入与公司绩效：基于内生性视角的分行业实证研究［J］.南开管理评论，2018（1）：109-117.

［11］尹飘扬，杨向阳.人力资本和企业绩效的相关性分析［J］.会计之友（中旬刊），2009（5）：85-87.

［12］古家军，胡蓓.企业高层管理团队特征异质性对战略决策的影响：基于中国民营企业的实证研究［J］.管理工程学报，2008（3）：30-35.

［13］石建中.关于企业规模与企业绩效关系的实证研究［J］.中国海洋大学学报（社会科学版），2014（5）：85-92.

［14］石军伟，姜倩倩.人力资本积累与自主创新：来自中国汽车制造企业的经验证据［J］.暨南学报（哲学社会科学版），2018（5）：28-44.

［15］石丽静.研发强度与企业创新绩效：政府资源与知识产权保护的调节作用［J］.经济与管理评论，2017（6）：144-152.

［16］白力芳.人力资本结构高级化、研发强度对制造业全球价值链升级的影响研究［D］.太原：山西大学，2020.

［17］朱焱，吴盈.互联网企业专用性人力资本投资对绩效的影响［J］.会计之友，2017（5）：67-72.

［18］朱焱，张孟昌.企业管理团队人力资本、研发投入与企业绩效的实证研究［J］.会计研究，2013（11）：45-52，96.

［19］任宇，谢杰.基于培训视角的人力资本投资与企业绩效：中国非上市工业企业层面的截面数据分析［J］.经济经纬，2012（2）：130-134.

［20］任海云，师萍.公司R&D投入与绩效关系的实证研究：基于沪市A股制造业上市公司的数据分析［J］.科技进步与对策，2009（24）：89-93.

［21］米晋宏，张书宇，黄勃. 专利拥有量、市场控制力与企业价值提升：基于上市公司专利资料的研究［J］. 上海经济研究，2019（3）：24-37.

［22］李克纯. 企业家人力资本与企业绩效关系研究［D］. 成都：成都理工大学，2005.

［23］李健，俞会新. 企业人力资本投资对企业绩效的影响：一个文献综述［J］. 中国人力资源开发，2015（13）：28-34.

［24］李盛楠. 高技术产业技术创新效率的时空差异及影响因素研究［D］. 哈尔滨：哈尔滨工程大学，2020.

［25］李嘉明，黎富兵. 企业人力资本与企业绩效的实证分析［J］. 市场与人口分析，2005（3）：29-36.

［26］李涛，黄晓蓓，王超. 企业科研投入与经营绩效的实证研究：信息业与制造业上市公司的比较［J］. 科学学与科学技术管理，2008（7）：170-174.

［27］肖伟，党凯瑞，皇甫泽西. 中美贸易战对中国科技企业的影响分析［J］. 时代金融，2020（18）：57-59.

［28］吕洪燕，于翠华，孙喜峰，等. 人力资本结构高级化对科技创新绩效的影响［J］. 科技进步与对策，2020（3）：133-141.

［29］吴华明. 企业人力资本以及资本配置对企业绩效的影响研究［D］. 合肥：合肥工业大学，2018.

［30］吴晨. 公司多元化程度、规模化与企业绩效：基于上市公司的实证研究［J］. 统计教育，2009（2）：7-10.

［31］吴淑娥，黄振雷，仲伟周. 人力资本一定会促进创新吗：基于不同人力资本类型的经验证据［J］. 山西财经大学学报，2013（9）：22-30.

［32］吴满平，万龙龙，张海波. 高科技企业高管人力资本与企业绩效实证研究［J］. 财会通讯，2011（11）：44-45.

［33］吴卫华，万迪防，吴祖光. 高新技术企业R&D投入强度与企

业业绩：基于会计和市场业绩对比的激励契约设计［J］．经济与管理研究，2014（5）：93-102．

［34］邱盼华．研发投入、资本结构与企业绩效：基于2014—2017年125家中国汽车上市公司的实证［J］．对外经贸，2019（5）：138-140．

［35］何红光，宋林．人力资本配置对技术创新效率影响研究［J］．技术经济与管理研究，2014（5）：23-27．

［36］佟锐，高旭，王伟青．人力资本对高新技术产业创新能力的作用［J］．经济研究导刊，2008（16）：160-161．

［37］汪金龙，常叶帆．高科技上市公司高管人力资本与公司绩效的实证研究［J］．中国科技论坛，2008（6）：116-120．

［38］邵军，刘志远．企业集团内部资本配置的经济后果：来自中国企业集团的证据［J］．会计研究，2008（4）：47-53，94．

［39］周志明，程克群，何羽潭．智力资本、股权结构与企业绩效的研究［J］．长春理工大学学报（社会科学版），2020（6）：75-82．

［40］周亚虹，许玲丽．民营企业R&D投入对企业业绩的影响：对浙江省桐乡市民营企业的实证研究［J］．财经研究，2007（7）：102-112．

［41］周春梅．经理人薪酬契约、技术创新与企业绩效［J］．科研管理，2017（7）：9-16．

［42］周万生．加快人才资源向人才资本转变是提升成都城市竞争力的关键［J］．理论与改革，2004（4）：100-102．

［43］胡德勤．企业规模、市场结构与创新绩效：基于中国制造业四位数行业的熊彼特假说的实证检验［J］．上海经济，2018（3）：5-17．

［44］柳卸林，张可．傅家骥与创新管理研究的中国化［J］．科学学与科学技术管理，2014（11）：3-12．

［45］段天宇，张希，胡毅．R&D强度与中国医药制造业上市公司绩效的门限效应研究［J］．管理评论，2020（9）：142-152．

［46］侯力．劳动力流动对人力资本形成与配置的影响［J］．人口

学刊，2003（6）：34-39.

[47] 侯晓铮. 企业研发投入与业绩关系的实证研究：以沪市 A 股制造业上市公司为例 [J]. 会计师，2014（12）：13-14.

[48] 姜天文，何羽. 商业银行人力资本和企业绩效关系的实证 [J]. 统计与决策，2015（18）：186-188.

[49] 袁宗. 高新技术企业人力资本分布对企业创新的影响 [D]. 武汉：武汉大学，2020.

[50] 莫一芳. 基于高管团队特征的 R&D 投入与企业绩效关系研究 [D]. 苏州：苏州大学，2012.

[51] 夏晶，毛燕. 人力资本价值对企业绩效影响研究：基于组织学习、组织创新的中介效应 [J]. 湖北工业大学学报，2010（3）：44-47.

[52] 毕理坚. 中小企业人力资本与企业绩效关系研究 [D]. 济南：山东大学，2017.

[53] 徐佩，张瑞利，包桉冰. 高新技术企业人力资本与企业绩效关系的实证研究 [J]. 价值工程，2016（33）：79-81.

[54] 徐经长，王胜海. 核心高管特征与公司成长性关系研究：基于中国沪深两市上市公司资料的经验研究 [J]. 经济理论与经济管理，2010（6）：58-65.

[55] 殷姿，李志宏. 多校区大学人力资源管理探析 [J]. 求实，2006（S3）：208-209.

[56] 高小爽. 企业人力资本对绩效的影响 [D]. 济南：山东大学，2019.

[57] 高素英，许龙，马姝妍，等. 创新型人力资本与企业竞争优势的关系：研发团队成员配置及团队精神的调节作用 [J]. 科技管理研究，2016（23）：180-186.

[58] 高素英，赵曙明，田立法. 人力资本、创新战略与企业绩效关系研究：基于中国上市公司的经验证据 [J]. 山西财经大学学报，

2011（8）：76-83.

[59] 郭高凤，杨齐. 企业技术创新的影响因素及管理的必要性分析 [J]. 企业技术开发，2014（17）：34-35.

[60] 陈冬华，范从来，沈永建. 高管与员工：激励有效性之比较与互动 [J]. 管理世界，2015（5）：160-171.

[61] 陈加旭，何尧. 人力资本结构高级化、产业结构与经济增长：基于新结构经济学视角 [J]. 经济问题探索，2020（7）：180-190.

[62] 陈旭. R&D 投入与上市高新技术企业市场价值的关系 [J]. 财会月刊，2011（35）：20-23.

[63] 陈海声，周桅. 企业在 R&D 预算管理中的行为差异分析：对广东省部分企业研发预算管理的调查 [J]. 会计之友（上旬刊），2010（1）：59-60.

[64] 陈通，许琳红. 如何规避人力资本投资风险 [J]. 科学管理研究，2003（5）：105-108.

[65] 陈朝龙. 中国上市公司管理层激励的实证研究 [J]. 重庆大学学报（社会科学版），2002（5）：24-26.

[66] 孙文杰，沈坤荣. 人力资本积累与中国制造业技术创新效率的差异性 [J]. 中国工业经济，2009（3）：81-91.

[67] 孙东，周怡君. 政府 R&D 投入、创新能力对长三角经济增长的影响 [J]. 华东经济管理，2013（9）：80-82.

[68] 孙慧，杨王伟. 高管激励、创新投入与创新绩效：基于高管"双元"资本的调节效应 [J]. 科技管理研究，2019（10）：9-16.

[69] 孙慧，缑梦龙. 新疆上市公司竞争力评价研究 [J]. 新疆大学学报：自然科学版，2017（1）：17-22.

[70] 曹裕，熊寿遥，胡韩莉. 企业生命周期下智力资本与创新绩效关系研究 [J]. 科研管理，2016（10）：69-78.

[71] 许庆瑞，郭斌，王毅. 中国企业技术创新：基于核心能力的组合创新 [J]. 管理工程学报，2000（S1）：1-4，9.

[72] 梁阜，李树文，耿新. 基于企业生命周期的人力资本最优配置：资源转化的视角 [J]. 科研管理，2020 (4)：239-249.

[73] 梁莱歆，张焕凤. 高科技上市公司 R&D 投入绩效的实证研究 [J]. 中南大学学报（社会科学版），2005 (2)：232-236.

[74] 梁莱歆，韩米晓. 基于研发的高新技术企业价值链管理研究 [J]. 科学学与科学技术管理，2008 (1)：11-15.

[75] 梁超. 贸易结构、人力资本与技术创新效率：基于大中型企业动态面板的研究 [J]. 国际商务研究，2012 (1)：31-39，54.

[76] 张丹. 中小企业技术创新影响因素的研究 [J]. 辽宁工业大学学报（社会科学版），2016 (2)：24-25.

[77] 张文菲，张诚. 国企民营化对创新绩效的影响：事实与机制：基于中国工业企业微观资料的分析 [J]. 投资研究，2018 (6)：27-45.

[78] 张玉娟，张学慧，长青，等. 股权结构、高管激励对企业创新的影响机理及实证研究：基于 A 股上市公司的经验证据 [J]. 科学管理研究，2018 (2)：67-70，75.

[79] 张如山，师栋楷. 资本结构、员工收入与企业绩效：基于企业专用性人力资本投资的分析 [J]. 经济问题，2017 (2)：117-121.

[80] 张长春. 加强人力资本投资，提升人力资本质量，促进创新，保持中高速增长 [J]. 中国投资，2016 (6)：3.

[81] 张孟昌. 管理团队人力资本、企业研发投入与企业绩效 [D]. 长沙：湖南大学，2013.

[82] 张信东，刘旭东，杨婷. R&D 投入与公司价值的相关性分析：以生物制药行业和电子信息行业的上市公司为例 [J]. 科技进步与对策，2010 (23)：59-63.

[83] 张维今，李凯，王淑梅. CEO 权力的调节作用下董事会资本对公司创新的内在机制影响研究 [J]. 管理评论，2018 (4)：70-82.

[84] 张燕. 人力资本对企业价值的影响及机理研究 [D]. 太原：山西大学，2020.

［85］彭伟辉. 技术经济范式转换视角下后发国技术进步路径研究 [D]. 成都：西南财经大学，2019.

［86］葛玉辉. 基于人力资本价值因子的高层管理团队与企业绩效关系模型研究 [J]. 科学学与科学技术管理，2007（8）：160-165.

［87］程惠芳，陆嘉俊. 知识资本对工业企业全要素生产率影响的实证分析 [J]. 经济研究，2014（5）：174-187.

［88］傅家骥. 企业重建与技术创新 [J]. 科技潮，1998（8）：142-144.

［89］冯根福，郑明波，温军，等. 究竟哪些因素决定了中国企业的技术创新：基于九大中文经济学权威期刊和 A 股上市公司资料的再实证 [J]. 中国工业经济，2021（1）：17-35.

［90］游春. 我国中小企业研发投入与财务绩效关系的实证研究：基于中小企业板上市公司的面板资料 [J]. 南方金融，2010（1）：52-55，59.

［91］杨玉梅，宋洪峰，赵军. 企业专用性人力资本：源起、发展及展望 [J]. 劳动经济研究，2019（6）：95-109.

［92］杨拔翠. 企业人力资本投资对创新产出的影响研究 [D]. 长沙：湖南师范大学，2020.

［93］杨勇，达庆利. 企业技术创新绩效与其规模、R&D 投资、人力资本投资之间的关系：基于面板资料的实证研究 [J]. 科技进步与对策，2007（11）：128-131.

［94］杨剑波. 进口贸易、人力资本与中国技术创新：基于面板资料的一个经验分析 [J]. 经济经纬，2009（1）：42-45.

［95］解学梅，赵杨. 区域技术创新效率研究：基于上海的实证 [J]. 中国科技论坛，2012（5）：74-78.

［96］温忠麟，侯杰泰，张雷. 调节效应与中介效应的比较和应用 [J]. 心理学报，2005（2）：268-274.

［97］赵丹. 企业人力资本价值提升对提高企业绩效的作用研究

［D］．长沙：湖南师范大学，2013.

［98］赵玉林，张倩男．对经济增长有突破带动作用的高技术产业领域选择研究［J］．科学学与科学技术管理，2006（10）：60-66.

［99］赵馨燕．人力资本、创新能力与区域经济增长［D］．昆明：云南大学，2018.

［100］赵馨燕，余冬根．人力资本及创新能力对区域技术贡献率的影响［J］．湖北社会科学，2017（11）：82-87.

［101］蔚垚辉．高新技术企业人力资本与企业绩效的关系：以软件和信息技术服务业为例［J］．银行家，2017（5）：141-142.

［102］蒋建武．人力资源管理实践与组织创新关系研究：员工创造力的中介效应［J］．人力资源管理评论，2011（0）：66-78.

［103］裴政，罗守贵．人力资本要素与企业创新绩效：基于上海科技企业的实证研究［J］．研究与发展管理，2020（4）：136-148.

［104］邓学芬，黄功勋，张学英，等．企业人力资本与企业绩效关系的实证研究：以高新技术企业为例［J］．宏观经济研究，2012（1）：73-79.

［105］余琳．西北地区技术创新能力影响因素分析［D］．乌鲁木齐：新疆大学，2015.

［106］刘和旺，郑世林，王宇锋．所有制类型、技术创新与企业绩效［J］．中国软科学，2015（3）：28-40.

［107］刘奂辰．中国企业跨国经营中的专用性人力资本与企业绩效关系研究［D］．南京：南京大学，2016.

［108］刘军，周绍伟．人力资本承载力与有效人才流动［J］．管理世界，2004（8）：139-140.

［109］刘振，程鸿雁．国际化程度、技术创新能力与公司绩效：基于战略性新兴产业上市公司的经验证据［J］．财会月刊，2019（8）：81-88.

［110］刘伟，张鹏飞，郭锐欣．人力资本跨部门流动对经济增长和

社会福利的影响［J］．经济学（季刊），2014（2）：425-442．

［111］刘胜军，田志文．上市高新技术企业高管团队人力资本结构与财务绩效研究［J］．商业研究，2015（12）：84-88，122．

［112］刘榆，刘忠璐，周杰峰．地区经济增长差异的原因分析：基于人力资本结构视角［J］．厦门大学学报（哲学社会科学版），2015（3）：11-19．

［113］刘闯．高新技术企业人力资本对企业绩效的影响研究［D］．重庆：西南大学，2017．

［114］刘浏，昝廷全．企业技术创新影响因素的系统经济学分析［J］．中国传媒大学学报（自然科学版），2018（6）：69-75．

［115］潘家岭．高新技术企业创新投资影响企业价值创造的研究［D］．哈尔滨：哈尔滨商业大学，2020．

［116］潘苏楠，李北伟．人力资本结构高级化、产业升级与中国经济可持续发展［J］．工业技术经济，2020（10）：100-106．

［117］薛阳，秦金山，李曼竹，等．人力资本、高技术产业集聚与城镇化质量提升［J］．科学学研究，2022（6）：1014-1023，1053．

［118］薛夏斌．我国农业上市公司人力资本、创新能力与企业绩效的关系研究［D］．海口：海南大学，2016．

［119］卢馨，张小芬，鲁成方．上市公司成本管理信息披露分析：来自2008—2010年沪市A股制造业上市公司年报的资料［J］．财会通讯，2012（24）：64-66．

［120］卢馨．企业人力资本、R&D与自主创新：基于高新技术上市企业的经验证据［J］．暨南学报（哲学社会科学版），2013（1）：104-117，163．

［121］戴蕙阳，施新政，陆瑶．劳动力流动与企业创新［J］．经济学报，2021（1）：159-188．

［122］魏汉泽，许浩然．职工薪酬分配比例、产权性质与企业价值［J］．管理科学，2016（1）：123-136．

［123］关勇军，洪开荣. 基于企业不同生命周期的研发投资绩效研究：来自深圳中小板高新技术企业的证据［J］. 经济经纬，2012（2）：81-85.

［124］关勇军. 企业研发投入与绩效：技术创新政策的调节效应分析［D］. 长沙：中南大学，2012.

［125］罗佳. 高新技术企业人力资本与企业绩效关系的研究［D］. 太原：太原理工大学，2015.

［126］罗楚亮，刘晓霞. 教育扩张与教育的代际流动性［J］. 中国社会科学，2018（2）：121-140，207.

［127］顾婷婷. 人力资本流动、知识外溢与技术创新研究：基于产业集群创新系统的视角［J］. 技术经济与管理研究，2016（10）：31-37.

［128］龚志文. 大股东控制下的公司集团内部资本配置行为研究［D］. 泉州：华侨大学，2012.

英文文献

［129］ALI A, MUJAHID N, RASHID Y, et al. Human capital outflow and economic misery: fresh evidence for pakistan［J］. Social Indicators Research, 2015, 124（3）: 747-764.

［130］AMASON A C, SHRADER R C. Newness and novelty: relating top management team composition to new venture performance［J］. Journal of Business Venturing, 2006, 9（1）: 125-148.

［131］MENTION A L, BONTIS N. Intellectual capital and performance within the banking sector of Luxembourg and Belgium［J］. Journal of Intellectual Capital, 2013, 14（2）: 286-309.

［132］NANDIALATH A M, MOHAN R, ANNAVARJULA M. Endogeneity and dynamics of innovation and firm performance［J］. International Journal of Productivity and Quality Management, 2014, 13（3）: 329-348.

［133］ASIAEI K, JUSOH R. A multidimensional view of intellectual capital: the impact on organizational performance ［J］. Management Decision, 2015, 53 (3): 668-697.

［134］MARTIN B C, MCNALLY J J, KAY M J. Examining the formation of human capital in entrepreneurship: A meta - analysis of entrepreneurship education outcomes ［J］. Journal of Business Venturing, 2013, 28 (2): 3, 211-224.

［135］CAPOZZA C, DIVELLA M. Human capital and firms' innovation: evidence from emerging economies ［J］. Economics of Innovation and New Technology, 2019, 28 (7): 741-757.

［136］CARMELI A, SCHAUBROECK J. How leveraging human resource capital with its competitive distinctiveness enhances the performance of commercial and public organizations ［J］. Human Resource Management, 2005, 44 (4): 391-412.

［137］CARPENTER M A, FREDRICKSON J W. Top management teams, global strategic posture, and the moderating role of uncertainty ［J］. Academy of Management Journal, 2001, 27 (3): 533-545.

［138］CARPENTER M A, GREGERSEN H B. Bundling human capital with organization context: The impact of international assignment experience on multinational firm performance and CEO pay ［J］. Academy of Management Journal, 2001, 44 (3): 493-511.

［139］CHADWICK CLINT. Toward a more comprehensive model of firms' human capital rents ［J］. Academy of Management Review, 2017, 42 (3): 499 -519.

［140］CHAMANSKI A, WAAG S J. Organizational performance of technology-based firms the role of technology and business strategies ［J］. Enterprise and innovation management Studies, 2001, 2 (3): 205-223.

［141］CHEN Y S, CHANG K C, CHANG C H. Nonlinear influence on

R&D project performance [J]. Technological forecasting and social change, 2012, 79 (8): 1537-1547.

[142] PSYCHOGIOS A, MORRISON C, CROUCHER R. Moldovan employment relations: "path dependency"? [J]. Employee Relations, 2010, 32 (3): 227-247.

[143] CROOK T R, TODD S Y, COMBS J G, et al. Does human capital matter? A meta-analysis of the relationship between human capital and firm performance [J]. Journal of Applied Psychology, 2011, 96 (3): 443-456.

[144] FREEMAN C. Networks of innovators: A synthesis of research issues [J]. Research Policy. 1991, 20 (5): 499-514.

[145] AUDRETSCH D B, HEGER D, VEITH T. Infrastructure and entrepreneurship [J]. Small Business Economics, 2015, 44 (2): 219-230.

[146] DEEDS D L. The role of R&D intensity, technical development and absorptive capacity in creating entrepreneurial wealth in high technology startups [J]. Journal of engineer and technology management, 2001, 18 (1): 29-47.

[147] OSWALD D R. The determinants and value relevance of the choice of accounting for research and development expenditures in the United Kingdom [J]. Journal of Business Finance & Accounting, 2008, 35 (1-2): 1-24.

[148] CLARKE D C. Corporate governance in China: An overview [J]. China Economic Review, 2003, 14 (4): 494-507.

[149] DUY N K, OANH N T H. Impact evaluation of training on productivity of the small and medium enterprises in Vietnam [J]. Asian Social Science, 2015, 11 (10): 39.

[150] MANSFIELD E. Academic research and industrial innovation: An update of empirical findings [J]. Research Policy, 1998, 26 (7): 773-776.

［151］FALK M. Quantile Estimates of the Impact of R&D Intensity on Firm Performance ［J］. Small Business Economics, 2012, 39 (1)：19-37.

［152］FIRER S, WILLIAMS S M. Intellectual capital and traditional measures of corporate performance ［J］. Journal of Intellectual Capital, 2003, 4 (3)：348-360.

［153］FORTUNE A, SHELTON L. R&D effort, effectiveness, and firm performance in the pharmaceutical sector ［J］. Journal of business and management, 2012, 18 (1)：97-115.

［154］BECKER G S. Investment in Human Capital：A Theoretical Analysis ［J］. Journal of Political Economy, 1962, 70 (5)：9-49.

［155］GERSTNER W C, KÖNIG A, ENDERS A, et al. CEO Narcissism, Audience engagement, and organizational adoption of technological discontinuities ［J］. Administrative Science Quarterly, 2013, 58 (2)：257-291.

［156］BARCZAK G, WILEMON D. Team member experiences in new product development：views from the trenches ［J］. R&D Management, 2003, 33 (5)：463-479.

［157］NAVON G. Human capital spillovers in the workplace：Labor diversity and productivity ［J］. Israel Economic Review, 2010, 8 (1)：69-90.

［158］GU X, WANG P, HU H. Analysis of the impact of corporate cash holdings on product market performance based on DID evaluation model ［J］. RISTI - Revista Iberica de Sistemas e Tecnologias e Informacao, 2016, 10：225-240.

［159］HABIL W I A, ALLAH A, SHEHADAH M. Factors affecting the employees' turnover at the ministry of high education in Gaza governorates-case study：North and west Gaza directorates of education ［J］. Arts and Social Sciences Journal, 2017, 8 (5)：21-51.

[160] PERKS H, MOXEY S. Market-facing innovation networks: How lead firms partition tasks, share resources and develop capabilities [J]. Industrial Marketing Management, 2011, 40 (8): 1224-1237.

[161] SANTOS-RODRIGUES H, DORREGO P F, FERNANDEZ-JARDON C M. The main intellectual capital components that are relevant to the product, process and management firm innovativeness [J]. International Journal of Transitions and Innovation Systems, 2011, 1 (3): 271-301.

[162] GUPTA H. Integration of quality and innovation practices for global sustainability: An empirical study of Indian SMEs [J]. Global Business Review, 2017, 18 (1): 210-225.

[163] HITT M A, BIERMAN L, SHIMIZU K, et al. Direct and moderating effects of human capital on strategy and performance in professional service firms: A resource-based perspective [J]. Academy of Management Journal, 2001, 44 (1): 13-28.

[164] HSU F J, CHEN M Y, CHEN Y C, et al. An empirical study on the relationship between R&D and financial performance [J]. Journal of Applied Finance and Banking, 2013, 3 (5): 107-119.

[165] HUNG K P, CHOU C. The impact of open innovation on firm performance: The moderating effects of internal R&D and environmental turbulence [J]. Technovation, 2013, 33 (10-11): 368-380.

[166] HWANG, SU-JUNG, SHIN, et al. Top management characteristic, organizational structure, market competition, technology innovation and financial performance [J]. Korean Jouranl of Business Administration, 2009, 22 (2): 987-1011.

[167] DREJER I, VINDING A L. Searching near and far: Determinants of innovative firms' propensity to collaborate across geographical distance [J]. Industry and Innovation, 2007, 14 (3): 259-275.

[168] MINCER J. Investment in human capital and personal income dis-

tribution [J]. Journal of Political Economy, 1958, 66 (4): 281-302.

[169] UTTERBACK J M. Successful industrial innvotions: A multivariate analysis [J]. Decision Sciences. 1975, 6 (1): 65-77.

[170] LUNA J P S, BASÁEZ M O, NARVAIZA L, et al. Assessing the effects of human capital composition, innovation portfolio and size on manufacturing firm performance [J]. Competitiveness Review, 2020, 31 (3): 625-644.

[171] JORGENSON D W, WILCOXEN P J. Global change, energy prices, and US economic growth [J]. Structural Change and Economic Dynamics, 1992, 3 (1): 135-154.

[172] MURATA K. Education policies, human capital accumulation, and economic growth [J]. International Journal of Economic Policy Studies, 2017, 12 (1): 96-106.

[173] KATO M, HONJO Y. Entrepreneurial human capital and the survival of new firm in high-andlow-tech sectors [J]. Journal of Evolutionaiy Economics, 2015, 25 (5): 925-957.

[174] LI Q, QIAN X, GONG S, et al. Impact of human capital investment on firm performance: An empirical study of Chinese industrial firms [C]. Proceedings of the Eighth International Conference on Management Science and Engineering Management (pp. 1269-1280). Berlin, Heidelberg: Springer, 2014

[175] LIN B W, LEE Y, HUNG S C. R&D intensity and commercialization orientation effects on financial performance [J]. Journal of Business Research, 2006, 59 (6): 679-685.

[176] SHORE L M. Job Satisfaction and Organizational Commitment in Relation to Work Performance and Turnover Intentions [J]. Human Relations, 1989, 42 (7): 625-638.

[177] MCGUIRK H, LENIHAN H, HART M. Measuring the impact of

innovative human capital on small firms' propensity to innovate [J]. Research policy, 2015, 44 (4): 965-976.

[178] DAKHLI M, CLERCQ D D. Human capital, social capital, and innovation: a multi-country study [J]. Entrepreneurship & Regional Development, 2004, 16 (2): 107-128.

[179] BABU M S. Do industrial policy reforms reduce entry barriers? Evidence from Indian manufacturing industries [J]. Journal of Economic Policy Reform, 2008, 11 (4): 289-300.

[180] BONTIS N, KEOW W C C, RICHARDSON S. Intellectual capital and business performance in Malaysian industries [J]. Journal of Intellectual Capital, 2000, 1 (1): 85-100.

[181] OCDE. Human capital investment: an international comparison [R]. Éditions OCDE: OECD Publishing, 1998.

[182] KALE P, SINGH H. Building firm capabilities through learning: the role of the alliance learning process in alliance capability and firm-level alliance success [J]. Strategic Management Journal, 2007, 28 (10): 981-1000.

[183] DIGEORGIO R. Winning with your strengths: an interview with Ken Tucker of the Gallop organization [J]. Journal of Change Management, 2004, 4 (1): 75-81.

[184] NELSON R R, PHELPS E S. Investment in humans, technological diffusion, and economic growth [J]. The American Economic Review, 1966, 56 (1/2): 69-75.

[185] LUCAS R. The repression of organizational innovation [J]. Canadian Journal of Administrative Sciences, 1989, 6 (1): 36-41.

[186] BRUMMET R L, FLAMHOLTZ E G, PYLE W C. Human resource measurement: A challenge for accountants [J]. The Accounting Review, 1968, 43 (2): 217-224.

[187] SANTARELLI E, TRAN H T. The interplay of human and social Capital in shaping entrepreneurial performance: the case of Vietnam [J]. Small Business Economics, 2013, 40 (2): 435-458.

[188] ROBERT S. Contribution of survey methods to economics [J]. The Review of Economics and Statistics, 1956, 38 (2): 236-238.

[189] SUBRAMANIAM M, YOUNDT M A. The influence of intellectual capital on the types of innovative capabilities [J]. Academy of Management Journal, 2005, 48 (3): 450-463.

[190] TAM C D, GIELEN ETP. Technology learning and deployment in support of the G8 plan of action [R]. Paris: international energy agency, 2008.

[191] THEODORE W, SCHULT Z. Capital formation by education [J]. Journal of Political Economy, 1960, 68 (6): 571-583.

[192] THEODORE W, SCHULT Z. Investment in human capital [J]. The American Economic Review, 1961, 5 (1): 1-17.

[193] THEODORE W, SCHULT Z. The economic importance of human capital in modernization [J]. Education Economics, 1993, 1 (1): 13-19.

[194] RITTER T, WALTER A. Relationship-specific antecedents of customer involvement in new product development [J]. International Journal of Technology Management, 2003, 25 (5/6): 482-501.

[195] GERPOTT T J, BERGEN S A. Productivity and the R&D/production interface a german point of view concerning the book of S. A. Bergen (Gower, 1983) [J]. R&D Management, 1985, 15 (1): 83-87.

[196] WANG L L, WANG Y W, SUN W M. Study on the relationship between human capital management and agriculture enterprise performance based on different marketing strategy [C]. Proceedings of 20th international conference on industrial engineer and engineering management, (pp. 827-835), Berlin Heidelberg: Springer, 2013.

［197］WANG W Y, CHANG C. Intellectual capital and performance in causal models - Evidence from the information technology industry in Taiwan ［J］. Journal of Intellectual Capital, 2005, 6（2）: 222-236.

［198］WORLD BANK. The impact of environmental assessment: a review of World Bank experience ［R］. World Bank, 1997

［199］WRIGHT P M, MCMAHAN G C. Exploring human capital: putting "human" back into strategic human resource management ［J］. Human Resource Management Journal, 2011, 21（2）: 93-104.

［200］YANG C H, CHEN J R. Innovation and market value in newly-industrialized countries: the case of Taiwanese electronics firm ［J］. Asian Economic Journal, 2003, 17（2）: 205-220.

［201］ACS Z J, AUDRETSCH D B. Patents as a Measure of Innovative Activity ［J］. Kyklos, 1989, 42（2）: 171-180.

［202］GRILICHES Z. Productivity, R&D, and basic research at the firm level in the 1970's ［J］. The American Economic Review, 1986, 76（1）: 141-154.